安徽财经大学服务安徽经济社会发展系列研究报告 2018

安徽劳动就业和社会保障发展研究报告 2018

安　徽　财　经　大　学　秦立建
安徽省政府发展研究中心　陈干全　等著

合肥工業大學出版社

图书在版编目(CIP)数据

安徽劳动就业和社会保障发展研究报告 2018/秦立建,陈干全等著. —合肥:合肥工业大学出版社,2018.6

(安徽财经大学服务安徽经济社会发展系列研究报告 2018)

ISBN 978-7-5650-4003-0

Ⅰ.①安… Ⅱ.①秦…②陈… Ⅲ.①劳动就业—研究报告—安徽—2018 ②社会保障—研究报告—安徽—2018 Ⅳ.①F249.275.4②D632.1

中国版本图书馆 CIP 数据核字(2018)第 109110 号

安徽劳动就业和社会保障发展研究报告 2018

秦立建 陈干全 等著　　责任编辑 陆向军 刘 露

出 版	合肥工业大学出版社	版 次	2018 年 6 月第 1 版
地 址	合肥市屯溪路 193 号	印 次	2018 年 6 月第 1 次印刷
邮 编	230009	开 本	710 毫米×1010 毫米 1/16
电 话	综合编辑部:0551-62903028	印 张	11.5
	市场营销部:0551-62903198	字 数	160 千字
网 址	www.hfutpress.com.cn	印 刷	合肥现代印务有限公司
E-mail	hfutpress@163.com	发 行	全国新华书店

ISBN 978-7-5650-4003-0　　定价: 33.00 元

安徽财经大学科研工作始终坚持立足安徽做学问、服务安徽出成果，特别重视立足地方和行业需求构建多层次智库平台。安徽经济发展研究院是安徽财经大学设立的研究安徽经济社会发展的专门机构，拥有安徽省人文社科重点研究基地、省级协同创新中心、省教育厅智库和安徽省重点智库四个省级科研平台。这些平台在优化资源配置、聚合科研力量，鼓励和引导教师围绕安徽省委省政府的重大发展战略选题，深入研究安徽经济社会发展中的重点、热点和难点问题，着力破解制约安徽地方经济社会发展的重大理论和现实问题，为建设特色鲜明的地方高水平财经大学提供了有益的智力支持，取得了较为丰硕的成果并积累了丰富的经验。安徽经济社会发展研究院努力实现在安徽经济发展方面的理论基础、政策研究与实践应用的紧密结合，把安徽经济社会发展研究院打造成为立足安徽、面向全国的财经智库。

安徽财经大学每年出版的服务安徽经济社会发展系列研究报告是由安徽经济社会发展研究院组织相关学院的专兼职研究人员编写的。我校 2006 年公开出版服务安徽经济社会发展的首部研究报告——《安徽经济发展报告》，2007 年《安徽省县域经济竞争力报告》发布，2010 年《安徽省贸易发展研究报告》出版，形成我校服务安徽经济社会发展的三大品牌报告。至 2018 年，年度研究报告增至 10 多部，主要包括：《安徽经济发展研究报告》《安徽县域经济竞争力研究报告》《安徽贸易发展研究报告》《安徽财政发展研究报告》《安徽投资发展研究报告》《安徽文化产业发展报告》《安徽城市发展研究报告》《安徽乡村振兴战略研究报告》《安徽农村普惠金融发展研究报告》《安徽劳动就业和社会保障发展研究报告》《安徽生态文明建设发展报告》《安徽养老服务发展报告》等。

服务安徽经济社会发展系列研究报告坚持稳定、控制数量，不断提升质量的指导思想，通过进入退出机制、激励机制、分级分类机制、合作机制、运行机制、评价机制和发布机制的改革，政策影响力和媒体影响力日益扩大。2016 年，研究院成功入围中国智库索引首批来源智库，并获大学智库指数排名中普通高校第一名。根据《中国智库索引（CTTI）2017 年发展报告》，我校进入大学智库指数 Top50 高校，其中安徽经济社会发展研究院排名第 25 位，安徽经济预警运行与战略协同创新中心排名第 32 位。

纵观这十多部研究报告可以看出，报告的组织者与撰写者都付出了辛勤的劳动和不懈的努力。当然，我们也清醒地认识到，报告也还存在这样或那样的缺点，与政府部门领导和社会各界对我们的希望还有相当大的差距，学校应当在智库建设方面做得更多、更好。我们坚信，只要坚持走下去，只要继续得到社会各界的关心和帮助，系列研究报告一定会越做越好！学校的智库建设也将结出更多的硕果！

安徽财经大学校长　丁忠明

2018 年 4 月 20 日

过去的2017年，是“十三五”规划实施的第二年，是推进“十三五”规划重要的一年，也是不平凡的一年。安徽省各级政府，在推进劳动就业与社会保障的制度建设方面，都进行了积极的探索，取得了一定的成效。本次年度报告中的开篇部分，是安徽省就业与社会保障发展总报告。总报告不仅是全书的一部分，而且是全书的浓缩，起到提纲挈领的作用。各个分报告部分，除了重点表述在供给侧改革的背景下，安徽就业与劳动关系发展报告、安徽医疗保障发展报告、安徽养老保险发展报告，以及安徽社会救助发展报告等事宜之外，还增加了安徽省长期护理保险发展报告，以及安徽省精准扶贫发展报告等内容。

本次年度发展报告，其撰写组团队成员，都是长期关注我国，尤其是关注安徽省劳动就业与社会保障方面的专家。郭永芳教授作为安徽省政协委员，直接参与了劳动就业与社会保障的参政议政工作；王浩林博士作为劳动关系的研究者，直接参与了和谐劳动关系安徽省的试点工作；高新宇博士作为留学归国人员，在政策制定、制度运行以及政策实践等方面，都具有比较丰富的国际经验。姜丽美博士、周凤珍博士和林光祺同志，在各自的领域都持续跟踪研究了多年。因此，本发展报告，是多位同仁多年研究、呕心沥血和团结合作的成果。

本发展报告写作思路，由安徽财经大学的秦立建博士以及安徽省政府发展研究中心的陈干全博士（处长）共同构思并提出，由全体编写组成员探讨决定。各章具体内容和分工如下：第一章，安徽就业与社会保障发展总报告，由郭永芳教授撰写；第二章，安徽就业与劳动关系发展研究，由王浩林博士撰写；第三章，安徽医疗保障发展研究，由姜丽美博士撰写；第四章，安徽养老保险发展研究，由周凤珍博士撰写；第五章，安徽长期护理保险发展研究，由秦立建博士撰写；第六章，安徽社会救助发展研究，由林光祺讲师撰写；第七章，安徽精准扶贫发展研究，由高新宇博士撰写。林光祺老师不仅参与报告的撰写，还担任本发展研究报告的秘书，为本发展报告如期完成做出了富有成效的工作。研究生梁伟、彭彤曼、谷金梅、薛超和葛倩等同学，做了大量优秀的助研工作。

另外，本发展研究报告在调研和撰写过程中，多次赴相关政府部门，例如安徽省人力资源和社会保障厅、安徽省卫生和计划生育委员会、安徽省民政厅以及安庆市人力资源和社会保障局等多家单位，受到各位领导、各位同仁和出版社编辑的大力指导。在此，向为本书提供帮助和支持的所有人士，再次表示崇高的敬意和由衷的谢意！

安徽财经大学中国城乡改革发展研究所所长
安徽财经大学健康经济研究中心主任 秦立建

2018 年 1 月于安徽财经大学

目录

第一章　安徽就业与社会保障发展总报告

第一节　安徽就业创业和劳动关系现状、问题与对策

一、安徽就业创业和劳动关系现状

（一）安徽城乡人口状况

1. 安徽省常住人口规模变化

2011 年以来，安徽省户籍人口呈缓慢增加态势，但是 2016 年较上年增加的数额较大，达到了 78 万人，常住人口占户籍总人口的比重呈小幅波动态势。2011 年以后，流向外省半年以上人口保持在 1000 万以上，流向外省半年以上人口占户籍人口的比重呈小幅下降的趋势。这与安徽省近年来的经济发展速度较快有很大的关系，部分流向省外的人口回到了本省就业，详见表 1－1 所列。

表 1－1　2011—2016 年安徽省人口规模变化情况　　单位：万人

年份	户籍人口	户籍人口增加额	常住人口	常住人口占户籍人口的比重（%）	流向省外半年以上的人口	流向省外半年以上的人口占户籍人口比重（%）
2011	6876	—	5968	86.79	1199	17.44
2012	6902	26	5988	86.76	1157	16.76
2013	6929	27	6030	87.03	1130	16.31
2014	6936	7	6083	87.70	1053	15.18
2015	6949	13	6144	88.42	1045	15.04
2016	7027	78	6196	88.17	1052	14.97

资料来源：安徽省统计局，《安徽统计年鉴 2017》。

2. 安徽省城镇化水平不断提高

2011年以来，安徽省城镇化率逐年提高，由2011年的44.80%上升到2016年的51.99%；非农业人口占户籍人口总体呈上升的趋势，2016年较2011年提高了6.59%，详见表1-2所列。

表1-2 2011—2016年安徽省人口城镇化水平 单位：%

年份	城镇人口占常住人口比重	非农业人口占户籍人口比重
2011	44.80	22.93
2012	46.50	22.89
2013	47.86	22.92
2014	49.15	22.69
2015	50.50	27.58
2016	51.99	29.52

资料来源：安徽省统计局，《安徽统计年鉴2017》。

（二）安徽省城乡就业

1. 就业总体情况

安徽省的就业形势一直呈现较好的态势。2011年以来，安徽省的就业率一直保持在98.6%以上，就业率变动最大的年份是2012年和2015年，分别较上一年增加了0.24%和0.27%，变动最小的是2014年，较2013年下降了0.05%，没出现大的波动，2015年的就业率创历史新高，就业率达到了99.04%，详见表1-3所列。

表1-3 2011—2016年安徽省就业情况

年份	经济活动人口（万人）	从业人员（万人）	就业率（%）	就业率变动情况（%）
2011	4177.8	4120.9	98.64	—
2012	4254.3	4206.8	98.88	0.24
2013	4327.0	4275.9	98.82	−0.06
2014	4364.5	4311.0	98.77	−0.05
2015	4384.0	4342.1	99.04	0.27
2016	4409.7	4361.6	98.91	−0.13

资料来源：安徽省统计局，《安徽统计年鉴2013》《安徽统计年鉴2014》《安徽统计年鉴2015》《安徽统计年鉴2016》《安徽统计年鉴2017》。

2017 年，安徽省的就业目标是：城镇新增就业 65 万人以上，力争实现 70 万人，城镇登记失业率控制在 4.5%以内。2017 年 1—11 月，全省城镇新增就业 65.1 万人，同比增加 0.65 万人，增长 1%。前 11 个月，全省实现城镇失业人员再就业 18.2 万人，就业困难人员再就业 4.9 万人。

2. 安徽省城乡就业分布

自 2011 年以来，安徽省城镇就业人口比重逐年上升，从 2011 年的 25.20%上升到 2016 年的 30.44%；同期乡村就业人口比重从 74.80%下降到 69.56%，详见表 1－4 所列。

表 1－4　2011—2016 年安徽省从业人员按城乡划分人口和比重

年份	从业人员（万人）	城镇从业人员		乡村从业人员	
		从业人员数（万人）	占全部从业人口比例（%）	从业人员数（万人）	占全部从业人口比例（%）
2011	4120.9	1038.3	25.20	3082.6	74.80
2012	4206.8	1141.0	27.12	3065.8	72.88
2013	4275.9	1226.2	28.68	3049.7	71.32
2014	4311.0	1277.4	29.63	3033.6	70.37
2015	4342.1	1292.1	29.76	3050.0	70.24
2016	4361.6	1327.5	30.44	3034.1	69.56

资料来源：安徽省统计局，《安徽统计年鉴 2013》《安徽统计年鉴 2014》《安徽统计年鉴 2015》《安徽统计年鉴 2016》《安徽统计年鉴 2017》。

3. 高校毕业生就业情况

高校毕业生就业创业形势依然严峻，在市场需求整体趋弱和高校毕业生规模继续扩大的情况下，高校毕业生就业压力较大。2017 年 8 月 16 日，安徽省人民政府发布了《安徽省人民政府关于进一步促进当前和今后一段时期就业创业工作的通知》（皖政〔2017〕111 号），通知中涉及高校毕业生就业的措施有：一是实施高校毕业生就业创业促进计划。实施高校毕业生就业创业促进计划，开展能力提升、创业引领、精准服务、就业帮扶、权益保护五项行动，健全涵盖校内外各阶段、就业创业全过程的服务体系，开展供需对接和精准帮扶活动，促进高校毕业生高质量就业。健全部门联动机制，完善落实校园招聘会补贴政策，在高校设立“就业加油站”，组建“启明星”就业指导团。二是鼓励高校毕业生多渠道就业。健全高校毕业生到基层工作的激励政策和服务保障机制，引导鼓励高校毕业生到城乡基层、中小微企业就业。对到国家扶贫开发工作重点县就业的高校毕业生，按规定落实好公务员招录、事业单位招聘、机关单位试用期工资、事业单位转正定级和职称申报等方面的优惠政策。落实高校毕业生到艰苦边远地区基层单位就业学费补偿政策，本、专科生每人每年最高补偿8000元，研究生每人每年最高补偿12000元。探索通过购买服务的方式，开发基层公共管理服务岗位，吸纳高校毕业生到基层就业。鼓励高校毕业生到社会组织就业，对于吸纳高校毕业生就业的社会组织，符合条件的可同等享受企业吸纳就业扶持政策。鼓励科研项目单位吸纳高校毕业生参与研究，按规定将社会保险补助纳入劳务费列支，劳务费不设比例限制。合理安排机关事业单位招录（招聘）和高校毕业生基层服务项目招募时间，优化录用（聘用）流程，为高校毕业生求职就业提供便利。三是健全就业帮扶政策。健全高校毕业生就业创业服务体系，创新服务方式方法，力争使每一名有就业意愿的离校未就业高校毕业生在毕业半年内实现就业或参加到就业准备活动中。创新发放方式，为城乡居民最低生活保障家庭、贫困残疾人家庭、建档立卡贫困户家庭、获得国家助学贷款、残疾的高校毕业生以及特困人员中的高校毕业生发放1000元的求职创业补贴。完善就业见习管理制度，鼓励机关事业单位、社会组织、大中型企业提供高质量的见习岗位；将见习单位为见习人员办理人身意外伤害保险以及对见习人员的指导管理费用纳入见习补贴范围。鼓励支持各地创新举措，对符合条件的就业创业高校毕业生给予适当住房补贴或提供人才公寓、公租房等住房保障，吸引更多的高校毕业生在皖就业创业。

2017年，安徽省共有高校毕业生34.3万人，比2016年增加1.7万人。安徽省坚持把高校毕业生就业摆在首位，制订高校毕业生就业创业促进计划。2017年，我省计划招募12110名高校毕业生到农村基层从事支教、支农、支医和扶贫服务。截至2017年9月底，招募“三支一扶”等基层服务项目人员 6000 名，稳定提供 1.2 万个基层特定岗位，开发毕业生就业见习岗位 2.6 万个，采集 4.9 万条未就业毕业生信息。省人社厅对大学生创业开展“一对一”实名制帮扶，截至 2017 年 9 月底，为 1.6 万名毕业生发放求职创业补贴 1300 万元。

（三）劳动关系情况

2017 年，安徽省的目标是全力构建和谐劳动关系。健全劳动关系协调机制，实施和谐劳动关系综合试验区建设试点项目，2017 年企业劳动合同签订率达 95%以上。深化国企负责人薪酬制度改革，发布 2017 年企业工资指导线。开展创建“劳动人事争议示范仲裁院”活动，完善劳动人事争议调处机制，提升处理效能，2017 年调解成功率达 60%以上，仲裁结案率达 92%以上。

2017 年 1—9 月份，全省各级仲裁机构共受理争议案件 17830 件，涉及劳动者 2.4 万人，涉案金额 6 亿元。

二、安徽就业创业和劳动关系存在的问题

（一）城镇从业人口占从业总人口的比重较低

由于我省城镇化水平低，大部分人口居住在农村，而县域经济又发展落后，使得城乡就业不均衡。2016 年末，全国城镇就业人员占总就业人口比例为 53.38%，安徽省仅为 30.43%，低于全国平均水平 22.95 个百分点。这种状况不仅会造成农村隐性失业，而且在一定程度上减缓了农民增收和脱贫致富的步伐。

（二）大学毕业生创业成功率不高

虽然政府有创业优惠政策，但是由于缺少资金和技术以及经验，大学毕业生创业成功的概率并不高，许多在校大学生创业项目是立项了，但并没有真正创办一个公司或者一个工厂和商店，创业只是停留在纸上。据有关部门统计显示：平均创业四五次才能成功一次。即使有一部分大学毕业生创业了，也可能没有成功。

（三）劳动争议案件继续上升

各地仲裁机构共立案 22620 件，同比增长 9.06%；涉及劳动者 28675 人，下降 13.18%。私营企业劳动争议涉及劳动者人数占到总人

数的 84.53%。集体劳动争议案例下降，2016 年集体争议案件 161 件，涉及人数 4628 人，同比分别下降 25.12%和 45%。劳动争议办案效率有所提升，期末未结案例数量继续下降。

三、解决问题的对策

（一）加快城镇化建设的步伐

由于我省的城镇化水平低，城市中的外来务工人员只能领取暂住证，他们无法享受和城市户籍人口同样的福利。虽然从 2016 年 1 月 1 日起，我国实行居住证制度，农民工在就业所在地可以享受包括义务教育等公共服务，但是因为没有户籍，其子女不能在当地上高中和考大学，特别是跨省流动的农民工，因为子女要上高中不得不放弃原来的工作回到户籍所在地陪子女读书。而大部分农民工是以放弃子女接受更高教育机会的方式，留在了城市务工。2017 年，有些城市实施了租购同权的政策，但是外来务工的租房者子女要在当地享受义务教育还要满足其他的条件才可以，因此，农民工只有成为市民，他们才能享受和城镇户口同样的福利待遇，包括教育和就业方面的待遇。

（二）支持高校毕业生创业

政府应出台政策支持高校建设大学生众创空间、创业咖啡、创业孵化基地等创业实践平台，支持高校开展校企、校地合作，整合利用社会创业创新资源促进高校创业创新工作。还可以通过认定和支持建设一批青年创业园，重点扶持大学生等青年群体创办工业设计、动漫设计、电子商务、人力资源管理等服务业企业。

（三）完善劳动人事争议调解仲裁多元处理机制

要加强乡镇（街道）劳动就业社会保障服务所（中心）调解组织建设，在乡镇（街道）综治中心设置劳动人事争议调解窗口。推动企业劳动争议调解委员会建设，提高企业自主解决争议的能力。支持工会、商（协）会、工业园区建立区域性、行业性劳动争议调解组织，充分发挥其调节处理劳动争议的独特优势。加强事业单位及其主管部门调解组织建设，探索有效化解劳动人事争议的长效机制。要建立专业性劳动人事争议调解与仲裁调解、人民调解、司法调解的工作联动机制。政府还可以通过购买服务等方式，鼓励和支持具有调解职能的其他社会组织及专家学者、法律工作者等开展调解工作，形成开放式的社会化调解网络。

第二节　安徽社会保障发展现状、问题及对策

一、安徽社会保障的现状

（一）养老保险的实施情况

1. 职工养老保险参保人数增加幅度较大，待遇提高

2016 年末，全省城镇职工养老保险参保人 892.22 万人，其中在职人员 634.3 万人，离退休、退职人员 257.92 万人。全年基金收入 839.4 亿元，基金支出 696.58 亿元，当期结余 142.82 亿元，累计结余 1185.23 亿元。2017 年，全省职工养老保险参保人 1078.4 万人，较上年末增加 186.18 万人，增长率为 20.87%；全年保险基金收入 974.99 亿元，其中，征缴收入 670.08 亿元，基金支出 784.06 亿元；本期结余 190.93 亿元，累计结余 1376.16 亿元。2017 年，我省调整了退休人员养老金待遇，人均每月增长 143 元，增长率为 6%。

2. 城乡居民养老保险参保人数与上年基本持平、基金结余累计结余有所增加

2016 年底，全省城乡居民基本养老保险参保总人数达 3432 万人，其中领取待遇人数 913 万人，基金收入 140.62 亿元，基金支出 93.2 亿元，基金累计结余 268 亿元。2017 年底，我省参加城乡居民养老保险是 3429.5 万人，基金收入 150.2 亿元，其中，征缴收入 36.3 亿元，基金支出 96.5 亿元，当期结余 53.6 亿元，累计结余 321.7 亿元。

2017 年，城乡居民基础养老金为每人每月 70 元；2018 年 1 月 1 日起，我省城乡居民基础养老金调整为每人每月 87 元。截止到 2017 年 12 月 29 日，全省已圆满完成全年城乡居保待遇发放任务，发放率达 100%，符合待遇领取条件人员及时并足额享受城乡居保待遇。据

统计，12 月，共为 913.20 万名符合待遇领取条件人员发放养老金 8.32 亿元，全年累计发放养老金 96.5 亿元。

3. 被征地农民的养老得到基本保障

2016 年底，安徽省被征地农民养老保险参保人数 295.17 万人，总体参保率达到 99.62%，领取待遇人数 73.92 万人，基金累计结余 204.37 亿元。截至 2017 年 9 月底，全省被征地农民养老保险参保人数为 312.49 万人，总体参保率达 99.48%，领取待遇人数达 77.80 万人，基金累计结余 236.80 亿元。

（二）城乡基本医疗保险参保情况

1. 城镇职工基本医疗保险情况

2016 年末，参加城镇职工基本医疗保险人数是 781.95 万人，较上年增加 18.65 万人；基金收入 218.84 亿元，比上年增加 24.82 亿元，增长率达到 12.79%；基金支出 177.71 亿元，与上年同期相比，基金总支出量增加 8.59 亿元，增幅达到 5.08%；全省城镇职工基本医疗保险基金累计总结余 267.28 亿元。截至 2017 年底，全省城镇职工基本医疗保险基金收入 254.97 亿元，其中，征缴收入 248.23 亿元，基金支出 198.98 亿元，本期结余 55.99 亿元，累计结余 323.27 亿元，较上年增加 55.99 亿元。

2. 城镇居民医疗保险情况

2016 年末，安徽城镇居民基本医疗保险参保人数总计 839.57 万人，与去年同期相比参保人数减少 134.73 万人，下降 13.83 个百分点。2016 年，安徽省将城镇居民医保财政补助标准由 2015 年每人 380 元提高到 420 元。基金收入总规模达到 47.33 亿元，基金支出 37.07 亿元，全省城镇居民基本医疗保险费累计总结余 59.21 亿元，与上年同期相比，增加 7.21 亿元，增幅达到 13.86%。2017 年，全省城镇居民基本医疗保险基金收入 81.03 亿元，其中，征缴收入 17.04 亿元，基金支出 71.16 亿元，本期结余 9.87 亿元，累计结余 77.48 亿元，较上年增加 18.27 亿元。

3. 新型农村合作医疗情况

2016 年末，安徽“新农合”参保人数总计 5121.0 万人，与上年同期相比参保人数减少 70 万人，但参合率达到 102.0%，与去年同期相比增长 0.2 个百分点。2016 年，安徽省“新农合”基金共筹资 285.45 亿元，基金支出总额达到 254.92 亿元。

2017 年，我省将新型农村合作医疗财政补助标准由 2016 年每人 420 元提高到 450 元。同时，2017 年“新农合”大病保险人均筹资标准提高到全省平均 30 元左右。

（三）失业保险参保情况

2016 年末，全省参加失业保险人数 448.5 万人，较上年增加 11.86 万人，领取失业保险金是 16.9 万人，基金收入 35.99 亿元，支出 26.68 亿元，当期结余 9.31 亿元，累计结余 112.68 亿元。截至 2017 年底，全省失业保险参保人数是 472.4 万人，较上年增加 23.9 万人，增长率为 5.33%。2017 年 11 月 7 日，省人社厅发布了《关于提高失业保险待遇有关问题的通知》（皖人社发〔2017〕61 号）指出，自 2017 年 12 月 1 日起，失业保险金计发比例提高至市本级最低工资标准的 90%。

（四）工伤保险和生育保险参保情况

1. 工伤保险

2016 年末，全省参加工伤保险的人数 544.59 万人，较上年增加 15.71 万人，增长率为 2.97%，享受待遇 7.38 万人。基金收入 20.69 亿元，较上年减少 0.91 亿元；基金支出 16.4 亿元，较上年增加 0.2 亿元；累计结余 41.77 亿元，较上年增加 4.28 亿元。截至 2017 年底，全省参加工伤保险为 565.5 万人，较上年末增加了 20.91 万人，同比增长 3.84%。

2. 生育保险

2016 年末，全省生育保险参保人数 517.6 万人，较上年增加了 18.33 万人，基金收入 12 亿元，基金支出 12.88 亿元；累计结余 14.04 亿元，较上年减少 0.88 亿元。截至 2017 年底，全省参加生育保险人数是 553.7 万人，同比增长 6.97%。

（五）长期护理保险开展情况

随着我国人口老龄化的加深和医疗护理费用的增加，许多家庭面临着沉重的经济负担和家庭照料负担。为了减轻家庭和社会的养老负担，我国开始了长期护理保险制度的试点工作。2016 年 6 月 27 日，人社部印发了《关于开展长期护理保险制度试点的指导意见》，在全国范围启动了长期护理保险制度的试点，探索建立以社会互助共济方式筹集资金，为长期失能人员的基本生活照料和与基本生活密切相关的医疗护理提供资金或服务保障的社会保险制度。利用 1～2 年试点时间，积累经验，力争在“十三五”期间，基本形成适应我国社会主义市场经济体制的长期护理保险制度政策框架。全国共有 14 个省份、15 个城市开展试点工作。安庆市是安徽省唯一被选中的试点城市。

二、安徽社会保障发展中存在的问题

（一）城乡居民养老保险待遇普遍偏低

2016 年，我省城乡居民养老保险月基础养老金为 70 元，同年，城市居民人均消费性支出为 19606 元，农村居民人均消费性支出为 10287 元，城乡居民基础养老金生活消费替代率分别为 4.28%、8.17%。即使 2018 年基础养老金提高到 87 元，但是由于城乡居民养老保险实施的时间较短，大部分人只能领取基础养老金，仍然会导致居民养老保险待遇偏低。目前参加城乡居民养老保险的居民，一般选择的缴费档次较低，即使加上财政补贴，缴满 15 年以上，个人账户也难以积累较多的资金，养老金的待遇必然低。

（二）企业年金对养老保障的提升作用有限

作为养老保障的第二支柱——企业年金，由于其参与率低、覆盖面小，因此在养老保障体系中的作用基本缺失。我国自 2004 年开始实施企业年金制度，但十余年过去了，其覆盖率仍然较低，发展缓慢，截至 2015 年底，建立企业年金计划的企业不到 1%，参加人数达不到基本养老保险人数的 10%。参与率过低，企业年金在整个养老保障架构中必然无足轻重，与基本养老保险相比，企业年金的保障水平整体很低，在行业和地区之间分布严重不均，中小企业基本排除在外，企业年金对退休人员的养老保障提升作用十分有限。2016 年 5 月 10 日，安徽省人民政府办公厅发布了《关于印发机关事业单位职业年金办法的通知》，目的是建立多层次养老保险体系，保障机关事业单位工作人员退休后的生活水平，促进人力资源合理流动。通知指出职业年金所需费用由单位和工作人员个人共同承担，单位缴纳职业年金费用的比例为本单位工资总额的8%，个人缴费比例为本人缴费工资的4%，由单位代扣。但是到了2017年底，行政事业单位才开始缴纳职业年金。

（三）异地就医直接结算机制有待进一步完善

虽然安徽省在大力实施异地就医直接结算机制工作上，取得了很大进展，但异地就医仍然存在着一些问题需要解决：一是医保体系多元化，城乡经办机构不一致；二是由于流动人口多是从经济欠发达地区向发达地区流动，异地结算易使一些欠发达地区担心医保基金超支，因此可能在审核批准时人为设置门槛。

（四）城乡居民医疗保险和职工医保存在制度分割和管理部门分割问题

目前安徽省已基本实现城镇居民医疗保险制度和“新农合”制度的合并统一，虽然在一定程度上解决了制度的碎片化问题，但合并后的城乡居民基本医疗保险制度仍与城镇职工基本医疗保险制度在筹资方式、待遇享受等方面的政策有很大不同，两者之间目前仍缺乏有效的协调机制，增加了制度衔接的难度，阻碍了城乡基本医疗保险制度的良性发展。同时，目前基本医疗保险制度也处于碎片化的管理状态，其中，城镇职工基本医疗保险制度由人力资源和社会保障部门管理，城乡居民基本医疗保险制度由卫生部门管理，而城乡医疗救助由民政部门统管，这就导致基本医疗保险制度管理中出现了多头领导，无法统一实施管理的情况。这种制度碎片化、多部门管理的局面，不但容易造成政出多门、管理效率低下、重复参保等诸多问题，而且也无法科学整合和有效利用有限的医保资源。

（五）长期护理保险制度不健全

长期护理保险作为未来中国社会保险制度的第六险，它从试点先行到全国推广需要以法律的形式为其保驾护航。目前我国的长期护理保险制度的发展还处于初步阶段，仅仅在全国十五个市区进行试点，而安徽省仅在安庆市试点。我国目前针对老年护理保障的专门法律很少，《社会保险法》中没有明确规定护理保险的具体内容，而安徽省关于长期护理保险的地方性法规更是一片空白。安庆市的长期护理保险制度试点是一项创举，为未来在全省甚至在全国推行大范围的长期护理保险制度提供了经验。但是从法律保障的层面来看，安庆市长期护理保险制度是在行政层面文件（《关于开展长期护理保险制度试点的指导意见》）的指导下开展的，而缺少直接对应的法律规范，无法体现作为一项社会保险制度的强制性。

三、解决问题的对策

（一）加大宣传力度，引导居民多缴费

目前，安徽省各地实施的城乡居民养老保险缴费档次不同，主要缴费档次为 100～1000 元十个档次。缴费档次最高的地区最高缴费达 2000 元。但是由于居民对养老保险的认识程度不高，再加上参保的城乡居民收入普遍不高，所以大部分居民选择较低的缴费档次。因此，要加大宣传的力度，让居民认识到多缴费对养老的意义，在增加财政补贴的同时引导居民多缴费。

（二）鼓励中小企业建立企业年金制度

参加企业年金比例极低的重要原因是建立企业年金制度门槛较高。根据现行《企业年金试行办法》，建立年金计划的企业需要满足三个基本条件：一是依法参加基本养老保险并按时足额缴费；二是已建立集体协商机制，民主管理制度比较健全；三是企业要有盈利。其中，第三条对中小企业要求较为苛刻，它要求企业建立企业年金前一年无亏损，前三年必须有两年无亏损且该三年总体无亏损。事实上，许多中小企业生命周期较短，经济实力较弱，获利能力不强，现金流缺乏，流动性较强，满足不了上述条件。此外，近年来中国经济运行下行压力不断加大，也对中小企业加入年金制度构成障碍。在经济效益不好、用工成本较高的情况下，中小微企业负担很重，而且基本养老保险对企业年金也有一定的挤出效应，因此企业参与年金的动力不足，所以

要从以下两个方面解决问题：一方面需要从企业年金制度上松绑，打破“高门槛”；另一方面要给予更大幅度的税收优惠。同时，还可以适度降低基本养老保险的统筹账户缴费率，以减少其对企业年金的挤出效应。

（三）完善异地就医直接结算配套政策

目前，我省医保基金的统筹层次大部分在地市一级，各地缴费和保障水平不统一，医保药品目录、诊疗、服务设施更是千差万别，这些因素是异地就医直接结算无法开通的真正原因。如果只单方面强调医保“漫游”，却没有与相关配套的政策，一旦外地患者大量涌入，必将对本地患者形成“挤出效应”，这样不仅会增加局部地区医保基金的支付压力，还有可能加剧地区之间医疗水平的不平衡。因此，从现阶段的实践来看，由于各统筹地区经济发展水平及医疗资源配置差异性较大，加之异地就医患者群体数量庞大，所以解决异地就医问题不能一蹴而就。相关部门需要进行周密的顶层设计，在新的制度安排下，把握好异地就医管理与费用结算、就医地管理和参保地管理之间的关系，化解地方政府、社保部门和参保人员之间的利益冲突，从提高统筹层次、统一标准、服务监管等方面入手，避免过分强调就医和结算的便利性带来的加剧就医人员向医疗发达地区集中问题，避免影响基本医疗保险制度的长期可持续发展。

（四）积极推进医保制度整合和管理部门整合工作

在大力推进城乡居民基本医疗保险制度整合工作的基础上，要尽快研究城乡居民基本医疗保险制度和城镇职工基本医疗保险制度的管理部门统一问题，将分属于不同部门管理的城镇职工基本医疗保险制度、城乡居民基本医疗保险制度交由一个部门统一管理，实现行政、经办资源的整合。归由一个部门管理后，不仅可以较好地解决个人重复参保、财政重复补助、制度不公平性等问题，而且可以为进一步的制度并轨打下基础。

（五）完善长期护理保险制度

我国是在“未富先老”的形势之下进入老龄化阶段的，城市和农村的二元经济结构及庞大的老年人口规模决定了我国目前还没有能力建立起一个统一的社会护理保险制度。因此，政府理应在法制框架下，通过诸如税收优惠等措施，积极探索更好的长期护理保险发展模式。而安徽省要根据本省的具体情况，出台长期护理保险的地方性法规。政府有责任和义务对护理机构的服务质量等内容进行监督，制定护理机构服务评价机制和体系，为长期护理保险的提供、服务标准、评价结果等多方面制定相应的标准。这样才能够解决因为信息的不对称而导致的市场失灵，从而确保护理对象的选择权。

第三节 安徽社会福利和扶贫的现状、问题及对策

一、安徽社会救助和扶贫事业情况

（一）社会救助不断完善

1. 城乡低保

2016 年末，54.41 万人享受城市居民最低生活保障，较上年减少 10.26 万人，保障金额 26.49 亿元；149.82 万人享受农村居民最低生活保障，较上年减少 46.51 万人，保障金额 41.49 亿元，较上年增加 2.73 亿元。截至 2017 年 11 月底，享受城市低保的人数为 47.05 万人，低保标准为 527.93 元/人/月，累计发放低保金 23.4 亿元；享受农村低保为 148.16 万人，低保标准为每年每人 4289 元，累计发放低保金 41.25 亿元。

2. 农村特困人员救助

根据《安徽省人民政府关于贯彻落实〈社会救助暂行办法〉的实施意见》（皖政〔2014〕83 号）、《安徽省人民政府关于进一步健全特困人员救助供养制度的实施意见》（皖政〔2016〕102 号）、民政部《特困人员认定办法》（民发〔2016〕178 号）及国家、省相关规定，制定了《安徽省特困人员认定办法》。在认定条件方面，对于无劳动能力、无生活来源，无法定赡养、抚养、扶养义务人或者其法定义务人无履行义务能力等做了详细规定。2016 年末，农村“五保”供

养 41.27 万人，“五保”供养支出 19.15 亿元，分散供养标准每人每月 424.4 元，集中供养标准每人每月 585.07 元。截至 2017 年 11 月底，全省农村“五保”供养人数为 40.2 万人，其中分散供养 31.35 万人，集中供养 8.84 万人。分散供养标准为每人每月 441 元，较上年末提高了 15.6 元；集中供养标准为每人每月 620 元，较上年末提高了 34.93 元。

3. 参合和医疗救助

2016 年末，全省医疗救助 395.7 万人，医疗救助支出 15.54 亿元。根据《安徽省人民政府关于健康脱贫工程的实施意见》（皖政〔2016〕68 号）、《安徽省人民政府关于 2017 年实施 33 项民生工程的通知》（皖政〔2017〕10 号）和《安徽省人民政府办公厅转发省民政厅等部门关于进一步完善医疗救助制度全面开展重特大疾病医疗救助工作实施意见的通知》（皖政办〔2015〕65 号）精神，2017 年 2 月 28 日，安徽省民政厅、安徽省财政厅、安徽省扶贫办、安徽省卫生计生委、安徽省人社厅联合发布《安徽省城乡医疗救助实施办法》，明确救助范围：对低保对象、特困供养人员和贫困人口不设病种限制。对低收入医疗救助对象、因病致贫家庭重病患者和当地政府规定的其他特殊困难人员实施医疗救助，须是重特大疾病或重症慢性病。截至 2017 年 11 月，全省资助参合参保人数为 402.73 万人，较上年末增加 7.03 万人，资助参合标准为每人 150 元，直接医疗救助 170.68 万人次，两项资金合计为 15.98 亿元。

4. 流浪乞讨人员救助

2017 年 3 月 2 日，省民政厅、省财政厅发布了《生活无着人员社会救助实施办法》，对社会救助对象、经费和保障措施进行了进一步规范。截至 2017 年 12 月底，全省共救助流浪乞讨人员 11.66 万人次，站内救助 5.69 万人次，站外救助 5.97 万人次，累计使用救助资金 1.51 亿元。

（二）精准扶贫工作成效显著

截止 2017 年 9 月 30 日，安徽省仍有贫困人口 216.32 万人，已脱贫人口数为 266.8 万人；贫困村数量为 2461 个，出列贫困村数量为

3423 个。脱贫攻坚第三方评估结果显示，2017 年全年共有 96 万贫困人口脱贫，1132 个贫困村出列，4 个申请摘帽贫困县的贫困发生率降至 2%以下。具体情况如下：

1. 财政扶贫资金投入增加了，产业扶贫取得一定成效

为了深入推动十大工程，各类扶贫要素的投入明显加快。截至 2017 年 9 月底，各级专项资金达到 95.54 亿元，其中省级 16.5 亿元、同比增长 50%，整合涉农资金 119.4 亿元。

截至 2017 年 10 月底，全省到户产业扶贫项目户均 1.6 个，覆盖率提高到 89.17%，到村产业扶贫项目实现全覆盖；通过“三变”改革，全省 2875 个贫困村实现资产收益村均增收 7.3 万元，带动 85.4 万贫困人口人均增收 953 元。

光伏扶贫稳步推进。截至 2017 年 10 月底，全省光伏累计装机规模达到 199.3 万千瓦，惠及 41.28 万贫困户。

2. 健康扶贫、脱贫工程

因病致贫、因病返贫人口在我省贫困人口中占大头，全省健康脱贫成效显著。2017 年，安徽省实施了“351”和“180”健康扶贫工程。截至 2017 年 10 月底，全省贫困人口住院 85.46 万人次，共产生医药费用 44.57 亿元，综合医保补偿 39.23 亿元，平均实际补偿比例达到 88.02%，较普通参保患者提高约 25 个百分点，慢性病门诊平均报销比例达到 96.77%。

3. 教育扶贫政策进一步落实

2017 年安徽省共发放建档立卡家庭学生资助资金 11.35 亿元，其中，春季学期资助 48 万人、5.3 亿元；秋季学期资助 52.1 万人、6.05 亿元。具体做法是对建档立卡贫困户家庭学生建立了从学前教育阶段到高等教育阶段的一整套完整的“资助链”。截至 2017 年底，贫困地区农村学生进入重点高校人数达 6561 人，有 4.6 万名贫困家庭普通高中学生免费入学。

4. 电商扶贫实现行政村全覆盖

截至 2017 年 11 月底，76 个县（市、区）已全部实现县级公共服务中心、物流配送中心建设运营，1.4 万余个行政村实现电商服务站

点全覆盖。2017 年，76 个县（市、区）新增工商注册网商网企约 8400 个，参与农村电商培训的农村群众超过 26 万人次。76 个县（市、区）网上交易额约 950 亿元、增长 40%以上。其中，农村产品上行网销金额约 250 亿元，同比增长 40%。

在全覆盖建设中，我省围绕精准扶贫，将省级农村电商发展政策向国家和省级贫困县、革命老区倾斜，加快脱贫致富步伐。2017 年，全省农村电商累计培训建档立卡贫困户超过 6.4 万人次，带动贫困户 2.9 万人在电商领域就业创业，实现建档立卡贫困户 1.5 万人脱贫；31 个贫困县农村产品网络销售额约 140 亿元。

5. 旅游扶贫“3451”工程扎实推进

2016 年我省通过发展乡村旅游带动 10.48 万人脱贫，2017 年省旅游局将继续实施旅游扶贫“3451”工程，通过乡村旅游带动 10 万农村人口吃上旅游饭、摘掉贫困帽。

6. 异地搬迁扶贫稳步推进

“十三五”时期，国家核定安徽省易地扶贫搬迁总任务为 8.3 万建档立卡贫困人口，主要分布在大别山集中连片特困地区、皖北贫困地区和皖南山区，涉及 9 个省辖市的 28 个县（市、区）。

2017 年，国家下达我省的搬迁任务为 35121 人。截至 9 月底，全省 472 个安置点、11135 套安置住房已基本建成，预计到年底可以完成国家下达的搬迁安置任务。

二、社会救助和扶贫存在的问题

（一）农村争当贫困户的现象普遍存在

以前在农村，如果哪家贫困是让别人看不起的，但是现在情况不同了，由于被认定为贫困户之后，可以享受政府很多扶贫政策，如危房改造有政府补贴，政府代缴参合资金，政府提供资金发展种养殖以及政府直接以贫困户的名义贷款给公司，由公司每年固定给贫困户分红等优惠政策，种种优惠政策让部分村民觉得贫困不仅不丢人，还能享受政府的各种福利，以至于农村争当贫困户的现象普遍存在，也助长了懒惰的行为。

（二）贫困人口自身发展动力不足，脱贫能力较弱

我省因病、因残致贫的比例高达 67.52%，其中相当一部分是老龄户、单身户、无文化或文化水平较低的贫困户。身体上的缺陷和文化上的贫乏使得这部分弱势群体难以脱贫。现有社会兜底、扶贫小额信贷入股分红、产业奖补等各项政策的提标升级，让少数贫困户产生了政策和帮扶依赖性，“等、靠、要”的思想成为影响农民脱贫的因素。2017 年安徽省贫困户主要致贫原因统计调查显示，有 4.86%的农民因为自身发展动力不足而沦为贫困户，有 15.85%的农民是因为家庭缺乏劳动力而成为贫困户。

（三）基层政府应对频繁检查压力较大

在中国压力型的政治体制下，处于中国行政权力末梢的乡镇承担着大量的事务性工作，基层官员承受着巨大的工作压力。国家精准扶贫政策的实施需要靠基层政府来落实。乡镇干部必须严格执行上级政府的工作要求，否则可能因为扶贫工作没做好，导致被“一票否决”，即只要扶贫工作出现问题，基层政府的官员将会被问责。轻则扣发年度的绩效奖金，重则会被降职或免职。大多数乡镇干部工作是“五加二”和“白加黑”。每年他们要应付不少于百次的扶贫检查，填写大量各种各样表格，以至于身心疲惫，苦不堪言。

三、解决问题的对策

（一）对不同原因导致的贫困区别对待

扶贫不能解决所有的贫困问题，对于那些因为懒惰而导致的贫困，政府就不应该给他们优惠政策，甚至连低保都不应该给。如果不是因为懒惰导致的贫困还要区别不同的情况，采取不同的扶贫措施。不能简单地把各种扶贫资金当成福利发给贫困户。

（二）切实提高贫困人口的脱贫能力

要把“输血”式扶贫和“造血式”扶贫相结合，切实提高贫困人口的脱贫能力。五河县就很重视对贫困人口中的青年群体进行职业技术培训，给予他们资金扶持，鼓励其自主创业，摆脱贫困。

（三）减少扶贫领域不必要的检查及各式各样表格填写

多数基层干部抱怨每年关于精准扶贫的大大小小的检查不计其数，

各式各样的表格层出不穷，精准扶贫在一定程度上变成了“精准填表”。上级对贫困人员各种建档立卡的表格格式要求变动频繁，使得打印表格的次数和数量大幅增加，一个乡镇一年仅扶贫领域打印表格文件费用就高达数百万元，大多数不符合格式要求的表格将会被弃之不用，造成了大量的纸张浪费。此外，随着脱贫攻坚的深入开展，对基层扶贫干部的业务要求逐渐提高，面对不断拓展的扶贫业务，基层干部要强化自身工作的精细化程度。

第二章　安徽就业与劳动关系发展研究

第一节　安徽积极就业政策分析

一、安徽就业基本情况

2017年上半年安徽省就业情况总体趋好，但仍受经济下行压力影响。2017年第二季度安徽省失业人数为306353人，相比2016年同期（311871人）略有下降，但高于2016年底的失业规模（304464人）。从表2-1可以看出，各地失业情况差异较大。2017年马鞍山市第二季度失业率与上年同期持平，淮南、六安、芜湖、合肥、蚌埠、阜阳和安庆7个城市的失业率有所增长，亳州、铜陵、宿州、淮北、池州、宣城、黄山和滁州8个城市的失业率有所降低。失业率较高的城市没有呈现出明显的地域特征。

表2-1　安徽省各地失业率　　单位：%

地　区	2017年6月	2016年6月	地　区	2017年6月	2016年6月
合肥市	2.93	2.8	六安市	4.1	4.04
淮北市	4.05	4.19	马鞍山市	2.95	2.95
亳州市	2.84	3.97	芜湖市	3.52	3.42
宿州市	2.45	3.17	宣城市	2.92	3
蚌埠市	3.05	2.91	铜陵市	2.84	3.57

（续表）

地　区	2017年6月	2016年6月	地　区	2017年6月	2016年6月
阜阳市	2.97	2.81	池州市	3.04	3.15
淮南市	4	3.97	安庆市	3.61	3.32
滁州市	3.16	3.18	黄山市	3.64	3.71

数据来源：安徽省统计局网站。

二、就业创业政策与服务

（一）“十三五”中央就业创业新政

“十三五”时期，经济发展新常态和供给侧结构性改革对促进就业提出了新的要求，劳动者素质结构与经济社会发展需求不相适应、结构性就业矛盾突出等问题凸显。同时，我国发展仍处于可以大有作为的重要战略机遇期，新型工业化、信息化、城镇化、农业现代化孕育巨大的发展潜力，新一轮科技革命和产业变革正在兴起，新兴产业、新兴业态吸纳就业能力不断增强，大众创业、万众创新催生更多新的就业增长点，为促进就业奠定了更加坚实的物质基础。为实施就业优先战略，全面提升劳动者就业创业能力，实现比较充分和高质量的就业，2017年1月26日国务院印发《“十三五”促进就业规划的通知》（国发〔2017〕10号）（以下简称《规划》）。《规划》提出到2020年，要实现就业规模稳步扩大，就业质量进一步提升；创业环境显著改善，带动就业能力持续增强；人力资源结构不断优化，劳动者就业创业能力明显提高。国务院2017年4月13日印发《国务院关于做好当前和今后一段时期就业创业工作的意见》，坚持实施就业优先战略，支持新就业形态发展，促进以创业带动就业，抓好重点群体就业创业，强化教育培训和就业创业服务。2017年6月12日，财政部、税务总局和民政部颁布《关于继续实施扶持自主就业退役士兵创业就业有关税收政策的通知》，本通知执行期限为2017年1月1日至2019年12月31日，且享受的优惠不能同其他优惠政策叠加。2017年8月22日，财政部、民政部和中国残疾人联合会下发《关于促进残疾人就业政府采购政策的通知》，以发挥政府采购促进残疾人就业的作用，进一步保障残疾人权益。2017 年 10 月 13 日，财政部和人力资源社会保障部制定《就业补助资金管理办法》（财社〔2017〕164 号），以充分发挥就业补助资金作用，切实落实各项就业创业扶持政策，提高资金使用的安全性、规范性和有效性。2017 年 12 月 6 日，国务院办公厅下发《保障农民工工资支付工作考核办法》（国办发〔2017〕96 号），要求从 2017 年到 2020 年每年开展一次属地监管责任考核，考核结果作为对各省级政府领导班子和有关领导干部进行综合考核评价的参考。

（二）“十三五”安徽就业创业计划

“十三五”时期，安徽省总体处于战略机遇期，新型工业化、信息化、城镇化、农业现代化孕育巨大的发展潜力，为促进就业奠定了更加坚实的物质基础。新兴产业、新兴业态不断涌现，催生新的就业增长点。随着国家级皖江城市带承接产业转移示范区、皖南国际文化旅游示范区、皖北中原经济区、皖西革命老区加快建设，我省在全国区域发展格局中的战略地位进一步提升，高端要素资源集聚能力持续增强，产业加快向高端化发展，将不断拓展我省高层次就业空间。2017 年 2 月 27 日，安徽省人力资源和社会保障厅、安徽省教育厅和共青团安徽省委员会联合下发《安徽省高校毕业生就业创业促进计划实施方案》，紧紧围绕人才强省战略实施和五大发展美好安徽建设，坚持市场在资源配置中的决定性作用和更好地发挥政府作用相结合，坚持促进就业和鼓励创业相结合，坚持政策引导和服务创新相结合，充分发挥政府、高校、社会等各方面作用，加强政策统筹，整合利用资源，畅通就业渠道，改善就业环境，建立健全促进高校毕业生就业创业的长效机制。2017 年 7 月 11 日，根据中央《规则》精神，结合安徽省实际，安徽省人民政府制定了《安徽省“十三五”促进就业规划》。计划“十三五”时期城镇新增就业 300 万人以上，全省城镇登记失业率控制在 4.5%以内，通过就业创业带动 40 万贫困劳动者脱贫，企业劳动合同签订率保持在 95%以上，全省新增注册企业 70 万个以上，带动就业 200 万人以上。2017 年 8 月 24 日，安徽省人民政府下发《安徽省人民政府关于进一步促进当前和今后一段时期就业创业工作的通知》（皖政〔2017〕111 号），要求在稳增长调结构中扩大就业，巩固小微企业就业主渠道地位，扎实推进就业脱贫工程。

（三）就业帮扶精准脱贫

2017年3月13日，安徽省人力资源和社会保障厅发布《大别山区精准帮扶精准就业精准脱贫专项行动计划（2017年—2020年）》。专项行动以帮扶金寨等县区为突破口，以有就业能力和愿望的建档立卡农村贫困人口（16～59周岁，以下简称贫困劳动者）为重点，围绕实现精准对接、促进稳定就业、提升就业质量的目标，推动脱贫资源优先集聚、民生政策优先覆盖、重大项目优先布局，促进贫困劳动者通过就业创业脱贫，尽快形成一套可复制、可推广的就业精准脱贫政策和措施，带动大别山区打赢就业脱贫攻坚战。按照试点引路、典型推介、巩固提升三个阶段，到2020年，将建设500个就业扶贫驿站，为1.5万名贫困劳动者开展技能培训，促进已就业的贫困劳动者稳定就业率在90%以上，帮助21万名大别山区贫困劳动者通过就业创业实现脱贫。专项行动将实施八大行动计划，包括就业扶贫驿站建设专项行动计划、居家就业专项行动计划、转移就业专项行动计划、就业兜底专项行动计划、稳定就业专项行动计划、万人技能脱贫行动计划、返乡创业行动计划、精准服务专项行动计划。

三、就业创业工作成效

（一）就业局势基本稳定且好于预期

2016年是安徽省围绕“调转促”行动计划，着力打造创新创业人才高地。新增专业技术人才20.9万人，新增战略性新兴产业技术领军人才250名，选拔推荐享受国务院特殊津贴人选63名、享受省政府特殊津贴人选99名，新设省级博士后科研工作站30个，5名高层次人才获“安徽省突出贡献人才奖”。深入实施高技能人才培养工程，培养高技能人才10.8万人，组织职业技能鉴定62.3万人次，新增技师学院4所、国家级高技能人才培训基地4个。大力推进“创业江淮”行动计划，使用失业保险省级调剂金，支持创业担保贷款贴息。全省城镇新增就业66.8万人，城镇登记失业率为3.2%。完善高校毕业生基层特岗政策，实施新一轮“三支一扶”计划，开展“四进四扶”集中推进行动，举办“就业援助月”“春风行动”等专项活动。应届高校毕业生总体就业率达 96.2%，就业困难人员再就业 6.3 万人，失业人员再就业 21.1 万人。另外，就业脱贫工程深入实施。以省政府办公厅名义出台就业脱贫工程实施意见，建立 170 万名贫困劳动者精准台账，认定 53 家企业为省级就业扶贫基地，帮扶 32.4 万名贫困劳动力实现就业。组织 1.39 万名高校毕业生参加就业见习，开发公益性岗位 5.6 万个。实施就业技能培训 35.1 万人，培训合格率达 96%。国外人才和智力引进力度持续加大。在全国率先实施外国人来华工作许可制度改革试点，实行“两证整合”。开展第十四届“黄山友谊奖”评选活动。实施引智项目 260 项，引进各类外国人才 4100 多人次，17 名外国专家入选第四批省“外专百人计划”，选派 458 人赴境外培训。新增国家级引智基地和专家服务基地 3 个。去产能职工安置工作稳步推进。报请省政府出台化解过剩产能职工安置工作实施意见，在全国率先启动安置工作，建立 10 万多名分流安置职工实名制数据库，3.8 万名职工得到妥善安置①。

2017 年 1—9 月份，全省城镇新增就业 61.3 万人，完成省政府 60 万目标任务；帮扶贫困劳动者就业 11.4 万人，完成年度目标任务 190%。高校毕业生就业率超九成，达 93.64%，同比增长 0.27 个百分点。创业主体不断增加，月均新增市场主体 5.5 万户。企业预期发展势头良好。据 3844 户企业问卷调查显示，72.55%的企业预期稳中向好。优化政策，简化程序，网上申领，为 3719 户企业发放稳岗补贴 4.32 亿元，惠及职工 105.09 万名。为 1913 家企业发放社保补贴资金 1.6 亿元，支持企业吸纳就业。招募“三支一扶”等基层服务项目人员 6000 名，稳定提供 1.2 万个基层特定岗位，开发毕业生就业见习岗位 2.6 万个，采集 4.9 万条未就业毕业生信息。开展“一对一”实名制帮扶，为 1.6 万名毕业生发放求职创业补贴 1300 万元。开展“社保贷”试点，将个人和小微企业贷款额度提高至 50 万元和 400 万元，发

① 数据来自安徽省人力资源和社会保障厅网站（http：//www.ah.hrss.gov.cn）：2017 年前三季度人力资源和社会保障事业发展情况。

放创业担保贷款近40亿元，发放青年创业信用贷款3亿元。开展阶梯式创业培训3.7万人，给予培训补贴3900多万元。实施《大别山区精准帮扶精准就业精准脱贫专项行动计划（2017年—2020年）》，建成集就业扶贫车间、电商服务中心、就业和社会保障服务中心为一体的就业扶贫驿站742个；建成就业扶贫基地2318个，其中，国家级就业扶贫基地47个，省级就业扶贫基地48个。实施"就业新起点"计划，完善政策措施，签订责任书，开展结对合作，确保分流职工就业有出路、生活有保障。分流安置职工1.57万人，完成目标任务的68%。建成全省集中的"阳光就业"网上办事系统，直接服务4500万劳动者和10万多家单位，证明材料减少70%以上，审批时限缩短50%，实现"最多跑一次"的目标①。

（二）以党建品牌提升就业服务能力

为进一步优化就业创业服务，提升就业工作公众形象，加强党建工作与就业服务的融合，更好地发挥党建工作围绕中心、服务中心作用，更好地满足服务对象需求，淮北市劳动就业管理局制定"就业服务580（我帮您）"党建品牌实施方案。即服务五大就业群体，做实八项具体工作，就业服务工作中做到零距离、零差错、零投诉。首先是搞好对接抓帮扶，组织党员干部与1～2家缺工企业建成结对帮扶关系，为企业提供一对一用工推介、用工指导、政策宣传等系列跟踪服务；组织党员干部与至少1名创业者建成结对帮扶关系，为创业者提供"送政策、送培训、送资金、送项目、送指导"等"五送"服务。其次是推行措施促和谐，建立"就业微信群"，为广大群众免费发放服务内容翔实的"公共就业便民服务连心卡"，架通党群干群的"连心桥"；由党员干部牵头带领相关人员，定期深入基层、贴近群众开展走访调研活动，在找准问题上下功夫，以此为基础研究制定更为有效的服务措施，提升就业工作水平。再次是深入一线优服务，在一线服务窗口重点打造"党员示范岗"，发挥党员干部示范带头作用，引领全体

① 数据来自安徽省人力资源和社会保障厅网站（http：//www.ah.hrss.gov.cn）：2017年一季度新闻通气会文字实录。

人员为人民群众提供热情周到的服务；针对各类服务对象的特点和需求，实施“四进四服”专项帮扶活动；大力发展党员志愿者服务队伍，围绕就业重点工作，坚持“走出去”的方法，为服务对象提供主动、便捷、高效服务。最后强化建设固基础，开展“学理论业务、抓工作纪律、抓会风文风”作风建设主题活动；坚持一手抓制度完善，一手抓制度贯彻落实，建立健全民主集中制、民主生活会制度、党组织学习制度等学习管理制度，推进工作规范化、长效化。

（三）地方“五个精准”落实扶贫工作

为切实做好各类就业困难人员就业援助工作，铜陵市人社局推行“五个精准”服务，积极推进就业扶持工程落实，促进全市就业局势稳定和社会和谐发展。第一，舆论宣传精准。充分利用报纸、网络、车载广告等媒介，广泛开展高校毕业生就业、公益性岗位开发等政策及“春风行动”“民营企业招聘周”等专项活动宣传，努力营造良好的舆论氛围；截至 2017 年 5 月，发放各类政策宣传资料 37000 余份，接受政策咨询 5000 余人次。第二，实名登记精准。通过完善就业实名制登记，全面摸清全市各类就业困难人员底数，切实做到登记到人、信息到库。第三，岗位开发精准。通过征集高校毕业生就业见习岗位、落实公益性岗位专项检查等措施，积极开发公益性岗位及高校毕业生就业见习岗位；2017 年 1—5 月份全市共开发公益性岗位 2193 个，开发高校毕业生就业见习岗位 800 个。第四，政策扶持精准。加大政策落实力度，积极兑现高校毕业生求职介绍、就业见习、公益性岗位等各类补贴资金，帮扶就业困难人员就业；2017 年 5 月全市共审核发放求职介绍等各类补贴资金 180 万元。第五，就业服务精准。在全市公共就业人才服务机构设立专门的服务窗口，免费提供政策咨询及办理、求职登记、职业指导、职业介绍、技能培训、法律援助等“一站式”服务。

四、安徽就业创业政策建议

（一）鼓励各类创业主体发展

第一，鼓励高层次人才创业。支持拥有自主知识产权、具有国际先进或国内一流水平科技成果的科技团队在皖开展科技成果转化、产业化，给予国内外高层次人才经费资助、住房补贴、子女就学、配偶就业、参加社会保险等优惠政策，吸引更多高层次人才来皖创业创新。支持劳动者以知识、技术、管理、技能等创新要素按贡献参与分配，实行股权、期权等中长期激励政策，激发创业创新热情。切实贯彻高校、科研院所等机构的专业技术人员离岗创业政策，完善科研人员双向流动机制，鼓励科技、教育、文化等专业人才成为创业的引领者。探索符合科技创新企业发展需求的金融服务模式，促进更多科技人才创业。第二，支持返乡下乡创业。从企业门槛、税收和财政三方面大力支持农村回乡创业人员，鼓励金融机构开发符合返乡下乡创业需求特点的产品和服务。可以依托存量资源整合发展一批农民工返乡创业园，推进创业创新农民与企业、市场与园区对接，培育一批新型农业经营主体，发展特色产业。加快发展农村电商带动返乡创业，培育一批电子商务进农村先进县。第三，服务高校毕业生创业。支持高校建设大学生众创空间、创业咖啡、创业孵化基地等创业实践平台，鼓励高校开展校企、校地合作，整合利用社会创业创新资源促进高校创业创新工作。认定和支持建设一批青年创业园，重点扶持大学生等青年群体创办工业设计、动漫设计、电子商务、人力资源等生产性服务业企业。

（二）完善公共就业服务体系

第一，完善就业信息服务制度，建立信息互联互通机制，搭建共享发布平台，综合运用大数据等就业服务新技术新方法开展就业信息分析利用，引导劳动者求职和用人单位招聘，指导劳动者规划职业生涯。建立省级层面就业信息资源库，统一就业创业信息以及服务发布渠道，打造“互联网＋公共就业创业服务平台”。第二，提升公共就业服务可及性，加强公共就业服务队伍建设。强化工作人员业务能力培训，加快建立职业指导员、职业信息分析专业人员、劳动保障专理员等专业工作人员队伍，逐步推行业务经办窗口综合柜员制。完善普惠性就业服务制度，推行政府购买服务模式，推进服务项目化，全面公开公共服务项目清单，扩大公共就业服务有效供给。第三，维护劳动者平等就业权利。打破城乡、地区、行业分割和身份、性别、残疾等歧视，及时纠正招聘过程中存在的限制和欺诈等行为，消除人力资源流动障碍。推进户籍制度改革，将有劳动关系并在城镇居住一定年限的农民工及其家属逐步转为城镇居民。保障城镇常住人员享有与本地户籍人员同等的劳动就业权利，均等享受就业的扶持政策和公共服务。建立国有企事业单位公开招聘制度，完善落实党政机关、企事业单位、社会各方面人才顺畅流动的政策制度，促进形成有利于人力资源平等有序流动的市场环境，促进人力资源横向和纵向自由流动。

（三）培育新兴产业带动就业

大力发展新一代信息技术、智能装备、先进轨道交通装备、航空航天装备、节能和新能源汽车、新材料、新能源、节能环保、生物医药和高端医疗器械、现代农业机械等先进制造业和战略性新兴产业，拓展产业发展新空间，开发就业新领域。大力发展现代金融、现代物流、科技服务、信息技术服务、电子商务、商务服务、人力资源服务、检验检测认证、节能环保服务、服务外包等生产性服务业，依托中心城市和工业集聚地，建设一批生产性服务业集聚区和示范园区，广开服务业就业渠道。积极把握新型城镇化快速推进和居民消费升级的新趋势，重点发展文化创意、旅游休闲、健康养老、体育健身等生活性服务业，支持有条件地区建设健康产业基地，协同培育新的就业增长点。不断增强新经济形态吸纳就业能力。研究制定推进安徽共享经济发展的指导意见，明确共享经济发展方向，完善支持共享经济发展的政策，设立集研发中心和孵化器于一体的共享经济创新实验室，搭建高校、研究机构与共享经济创业项目的产学研转化平台，开展众创、众包、众扶、众筹等模式创新，推进共享经济平台建设，发展一批创新型小微共享企业，推动共享经济在交通、住宿、餐饮、金融、教育培训、技术服务等领域率先突破、加快发展。加强知识产权保护，加快信用体系建设，保护各方合法权益，建立政府、市场、社会和消费者多方共治的监管模式，探索制定新模式、新业态保护目录，推进发展平台经济等新经济形态，开发更多的新型就业模式。

第二节　安徽工资分配分析

一、“十三五”最低工资情况

（一）“十二五”最低工资增长目标实现情况

2012 年 12 月 26 日，安徽省 7 部门联合颁布《安徽省贯彻落实促进就业规划（2011—2015）实施方案》（以下简称《规划方案》），提出最低工资标准年均增长 15%以上，绝大多数地区最低工资标准达到当地城镇从业人员平均工资的 40%以上。“十二五”期间实现“最低工资标准年均增长 15%以上”目标，但未完成“绝大多数地区最低工资标准达到当地城镇从业人员平均工资的 40%以上”目标。按照最低工资占城镇私营单位平均工资比重指标计算，2015 年有合肥、淮北和黄山等 14 个城市达到 40%以上。但按照最低工资占城镇非私营单位平均工资比重指导计算，和按照最低工资占城镇职工平均工资[①]比重指标计算，都没有一座城市达到目标线。

（二）最低工资占城镇非私营单位平均工资情况

2016 年最低工资占城镇非私营单位平均工资比重情况仍不乐观，如图 2-1 所示。安徽省未有一地区达到 40%的比重，比重最高的是淮北市（33.56%），比重最低的是滁州市（24.42%）。比重分布没有体现明显的经济特征，经济发达的合肥市和芜湖市分别为 26.66%和 27.03%，居于中游水平。

（三）最低工资占城镇私营单位平均工资情况

2016 年最低工资占城镇私营单位平均工资比重基本超过 40%的标准，如图 2-2 所示。安徽省滁州、池州和安庆三市比重低于 40%的标准；最高地区是淮南市，达 55.03%；最低地区是滁州市，仅为

---

① 城镇职工平均工资由城镇非私营单位平均工资和城镇私营单位平均工资，按照就业比重加权计算得出。

34.06%。经济发达的合肥市和芜湖市分别为41.39%和41.4%，居于中游水平。

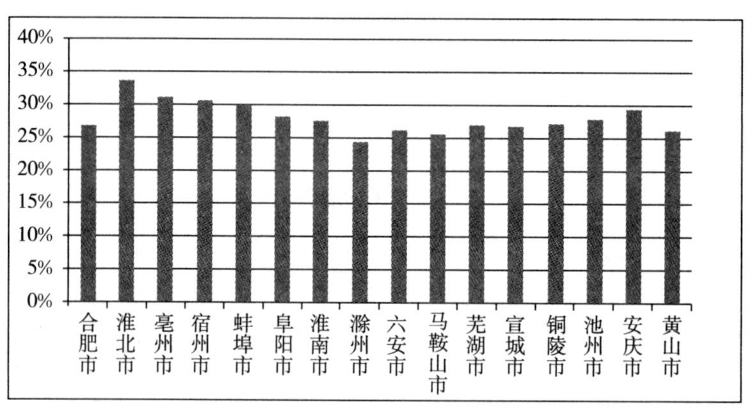

图 2-1 2016年最低工资占城镇非私营单位平均工资比重情况

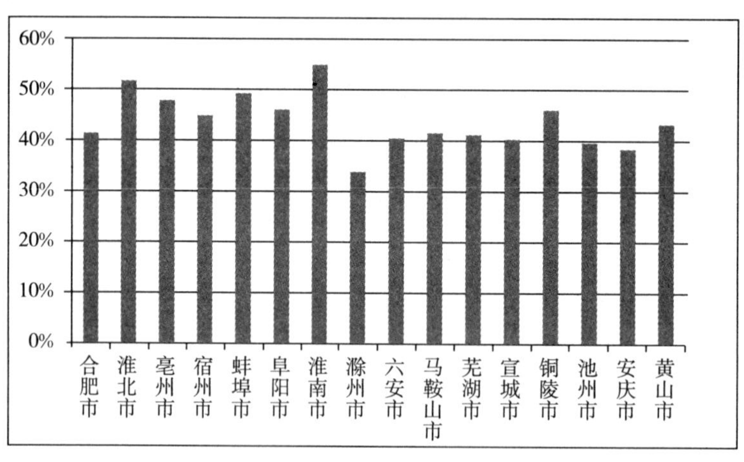

图 2-2 2016年最低工资占城镇私营单位平均工资比重情况

（四）最低工资占城镇职工平均工资情况

2016年最低工资占城镇职工平均工资比重低于40%的标准，如图2-3所示。最高地区是淮北市，为38.43%；最低地区是滁州市，仅为29.1%。经济发达的合肥市和芜湖市分别为31.83%和31.92%，居于中游水平。

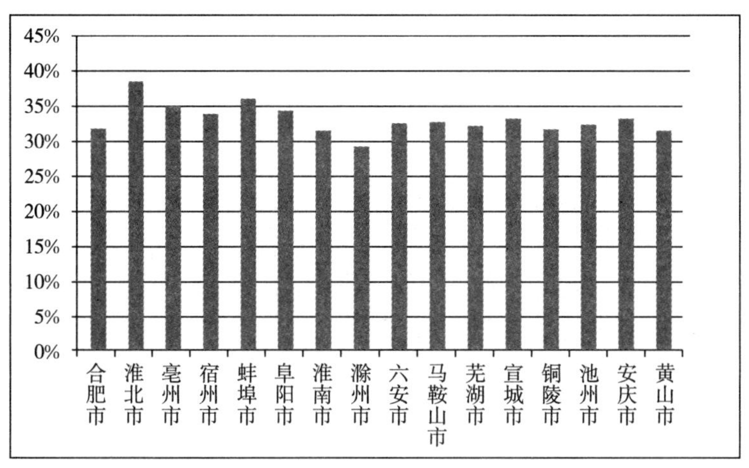

图 2-3 2016 年最低工资占城镇职工平均工资比重情况

二、安徽社会平均工资情况

(一) 各地区社会平均工资显著上升

2017 年前三季度安徽省规模以上单位社会平均工资同比增长明显，资源型城市工资呈反弹式增长。从表 2-2 可以看出，2017 年前三季度安徽省规模以上单位社会平均工资最高的均是合肥市，分别为 14447 元、27535 元和 42052 元。前三季度社会平均工资最低的地区分别是宿州市 9484 元、18759 元，阜阳市为 27938 元。第一季度有 4 个地市工资同比呈两位数上涨，分别是合肥市（10.68%）、淮北市（23.86%）、淮南市（10.86%）和马鞍山市（13.78%）。涨幅最低的是芜湖市，仅为 1.17%。第二季度有 3 个地市工资两位数同比增长，分别是淮北市（19.67%）、亳州市（10.42%）和马鞍山市（14.01%）。蚌埠市涨幅最低，仅为 2.57%。第三季度 3 个地市工资同比两位数增长，分别是淮北市（22.21%）、淮南市（11.68%）和马鞍山市（12.27%）。

表 2-2 2017 年安徽省前三季度各地区规模以上单位社会平均工资 单位：元

地　区	规模以上单位社会平均工资			规模以上单位社会平均工资同比增长		
	第一季度	第二季度	第三季度	第一季度	第二季度	第三季度
合肥市	14447	27535	42052	10.68%	4.29%	6.74%
淮北市	11208	21478	33183	23.86%	19.67%	22.21%

（续表）

地　区	规模以上单位社会平均工资			规模以上单位社会平均工资同比增长		
	第一季度	第二季度	第三季度	第一季度	第二季度	第三季度
亳州市	9524	19348	28292	6.60%	10.42%	7.57%
宿州市	9484	18759	28268	9.49%	5.96%	6.27%
蚌埠市	10626	21831	31615	5.43%	2.57%	2.64%
阜阳市	9145	18469	27938	4.12%	5.35%	5.77%
淮南市	13164	26700	41845	10.86%	9.22%	11.68%
滁州市	11326	22797	34087	3.50%	6.25%	5.41%
六安市	10475	20946	31240	9.16%	9.49%	9.83%
马鞍山市	12929	25390	38501	13.78%	14.01%	12.27%
芜湖市	11887	23977	35613	1.17%	7.61%	6.64%
宣城市	10847	21949	33106	6.96%	5.87%	6.78%
铜陵市	11403	23082	34946	3.56%	5.53%	6.27%
池州市	10320	20291	30283	4.47%	3.76%	3.42%
安庆市	10065	20236	30630	4.47%	4.83%	5.45%
黄山市	10269	20383	31472	5.83%	5.19%	8.74%

数据来源：安徽数据网。

（二）规模以上单位资源行业社会平均工资强势增长

从分行业门类看，2017 年第一季度安徽规模以上单位从业人员平均工资最高的三个行业分别是电力、热力、燃气及水生产和供应业 22609 元，科学研究和技术服务业 17270 元以及信息传输、软件和信息技术服务业 16652 元。第一季度平均工资最低的是住宿和餐饮业 8383 元，居民服务修理和其他服务业 8622 元，水利、环境和公共设备管理业 10036 元。涨幅最高的三个行业分别是采矿业 25.09%，信息传输、软件和信息技术服务业 10.31%，卫生和社会工作 9.76%，而科学研究和技术服务业呈负增长（−7.45%）。

2017 年第二季度安徽规模以上单位从业人员平均工资最高的三个行业分别是电力、热力、燃气及水生产和供应业 44485 元，科学研究和技术服务业 33774 元，信息传输、软件和信息技术服务业 32046 元。第二季度平均工资最低的是住宿和餐饮业 17125 元，居民服务修理和其他服务业18783元，水利、环境和公共设备管理业20592元。涨幅最高的三个行业分别是采矿业20.78%，居民服务修理和其他服务业15.75%，住宿和餐饮业9.71%，详见表2-3所列。

表2-3 2016—2017年安徽省规模以上单位分行业平均工资情况

行业	规模以上单位平均工资水平							
	平均工资(元)				工资同比增长(%)			
	2017年第一季度	2017年第二季度	2016年第一季度	2016年第二季度	2017年第一季度	2017年第二季度	2016年第一季度	2016年第二季度
采矿业	15380	30050	12295	24880	25.09	20.78	−19.15	−14.64
制造业	11428	22728	10626	21092	7.55	7.76	3.49	5.11
电力、热力、燃气及水生产和供应业	22609	44485	21514	41838	5.09	6.33	16.10	15.35
建筑业	11720	22555	10803	22112	8.49	2.00	2.10	4.56
批发和零售业	10826	21593	10379	20262	4.31	6.57	4.58	5.12
交通运输、仓储和邮政业	11823	23214	10865	22095	8.82	5.06	2.72	5.94
住宿和餐饮业	8383	17125	7902	15610	6.09	9.71	−2.98	7.69
信息传输、软件和信息技术服务业	16652	32046	15096	30899	10.31	3.71	12.64	13.33
房地产业	14266	27802	13339	26291	6.95	5.75	10.96	10.20
租赁和商务服务业	10780	21779	10048	19874	7.29	9.59	2.21	4.19
科学研究和技术服务业	17270	33774	18661	34576	−7.45	−2.32	2.25	7.40
水利、环境和公共设备管理业	10036	20592	9977	19948	0.59	3.23	−3.19	15.53
居民服务修理和其他服务业	8622	18783	8316	16227	3.68	15.75	11.85	4.76
教育	10624	22291	10210	21168	4.05	5.31	2.01	2.10
卫生和社会工作	14006	27752	12760	25735	9.76	7.84	6.61	9.53
文化、体育和娱乐业	12708	26960	12106	25415	4.97	6.08	0.82	13.88

数据来源：安徽数据网。

三、工资分配建议

（一）合理调节能源垄断行业工资收入

从表 2－3 可以看出，无论从绝对规模还是增速看，能源垄断行业的电力、热力、燃气及水生产和供应业均位列行业前茅，远超科学研究和技术服务业，信息传输、软件和信息技术服务业，制造业。随着新兴产业的发展，传统的国家垄断行业工资收入出现分化，信息产业收入有所控制，但能源垄断行业仍然保持较高的水平和增长势头。能源行业关乎国计民生、国家重要战略安全，因此具有很高的垄断性。行业凭借其优势地位获得超额利润，在国家大力控制垄断行业不合理工资分配或收入分配差距背景之下，能源行业的工资收入分配机制仍有待完善，需要进一步限制“高收入”分配。国有能源垄断行业报酬水平的确定，不仅要以劳动者的劳动要素贡献以及企业利润为依据，还应兼顾到与其他不同市场结构中的劳动报酬的横向比较是否公平。在兼顾三大因素的基础上，可以适度高于或低于其劳动要素的贡献份额。建议在合理计算生产效率、利润和横向公平比较的基础上，科学设定能源垄断行业的动态工资调整和增长机制。

（二）合理、及时调整工资指导线

截止到 2017 年 8 月 21 日，全国已有安徽、山东、福建、江西、海南、天津、北京、内蒙古、四川、山西、陕西、河南和吉林等十三个省市公布了 2017 年的工资指导线，多个省份的指导线数值与 2016 年相比有所下降。从各地工资指导线的“基准线”来看，相比去年下调的有海南、北京和内蒙古等五省市，其中，海南下调了 1.1 个百分点，四川、山东、北京和内蒙古四地下调了 0.5 个百分点；江西、福建和陕西三省份基准线与去年持平。今年有两个省份的基准线进行了上调，山西由去年的 7％上调到了 8％，吉林的基准线由 6％上调到了 7％，两省份均上调了 1 个百分点。从各地工资指导线的“上线”来看，相比去年下调的省市有天津、四川和山东等，其中天津下调幅度最大，下调了 2 个百分点。从各地工资指导线的“下线”来看，相比去年，进行下调的省份不多，有海南和内蒙古。内蒙古从 3％下调到了 2%，海南从 3.5%下调到了 3%，仅有福建省将下线上调。2017 年 7 月 27 日，安徽省人社厅公布企业工资指导线，这是安徽省时隔 6 年之后再次发布工资指导线，最近一次的公布是 2011 年 8 月 10 日。工资指导线旨在引导企业职工工资合理增长，促进劳动关系和谐稳定。建议安徽省政府应该根据《安徽省企业工资指导线试行办法》（劳社字〔2000〕66 号）规定，及时公布工资指导线，以发挥指导市场工资增长的示范效应。

第三节 安徽劳动争议仲裁与劳动监察分析

一、劳动争议仲裁状况

（一）贯彻两个劳动人事争议仲裁“规则”

2017 年 4 月 24 日，人力资源和社会保障部审议通过《劳动人事争议仲裁规则》和《劳动人事争议仲裁组织规则》，自 2017 年 7 月 1 日起正式实施。劳动人事争议仲裁是处理劳动人事争议的一项基本法律制度，是中国特色劳动人事争议处理制度的重要内容。两个规则颁布实施，对于加强和创新社会治理、推进国家治理体系和治理能力现代化，加强调解仲裁工作“规范化、标准化、专业化、信息化”建设，规范仲裁机构依法办案，维护劳动人事关系和谐与社会稳定，具有十分重要的作用。2017 年 11 月安徽省下发关于贯彻实施《劳动人事争议仲裁办案规则》和《劳动人事争议仲裁组织规则》的通知，提出要准确把握两个规则的内容，切实抓好两个规则的贯彻落实。通知要求抽调业务骨干集中进行学习研讨，完善政策措施，充分利用传统媒体和现代媒体，加大宣传力度，营造良好舆论氛围，不断提高调解仲裁工作的社会影响力和公信力。要加强交流研讨，及时研究实施过程中遇到的新情况、新问题，畅通上下沟通渠道，及时将信息反馈至省调解仲裁管理处。

（二）劳动争议案件继续上升

各地仲裁机构共立案 22620 件，同比增长 9.06%，涉及劳动者

28675 人，下降 13.18%。私营企业劳动争议涉及劳动者人数占到总人数的 86.78%。集体劳动争议案例下降，2016 年集体争议案件 161 件，涉及人数 4628 人，同比分别下降 25.12%和 45%。劳动争议诉讼办案效率有所提升，期末未结案例数量继续下降。2016 年劳动争议未结案件 569 件，占 2016 年新立案件的 2.52%，绝对量和相对量均低于 2015 年水平①。

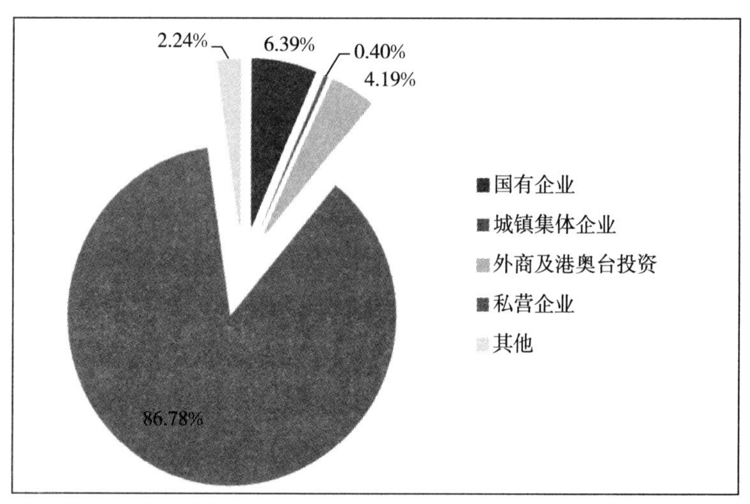

图 2-4　2015 年各类企业劳动争议案件涉及劳动者人数比例

（三）开展乡镇（街道）劳动争议调解综合示范工作

安徽省坚持“预防为主、基层为主、调解为主”的方针，探索基层调解工作规律，推动示范单位夯实工作基础、加强组织建设、完善工作机制、创新工作模式、提升服务水平，不断提高调解工作的规范化、标准化、专业化、信息化水平。通过以点带面、综合示范，提高乡镇（街道）劳动争议调解质量和效率，更好地服务劳动争议当事人，促进劳动关系和谐与社会稳定。统一规范调解组织名称、标识、工作职责、工作程序和调解员行为。建立健全调解受理登记、调解处理、告知引导、回访反馈、档案管理、调解员选聘、培训、工作考评等制

① 数据来自《安徽省统计年鉴 2017》。

度，形成调解组织制度目录。以当事人为中心制定涵盖工作全过程的标准化业务流程，规范接待、咨询、受理、调解等各个工作环节，使用规范业务术语，制定统一的调解文书格式。指导辖区内企业建立健全劳动争议调解委员会、设立调解联络员，建立健全内部申诉、协商回应等制度。2017 年 8 月至 9 月为启动阶段，2017 年 10 月至 2018 年 12 月为实施阶段，2019 年 1 月至 6 月为总结阶段。

二、劳动监察状况

（一）安徽省劳动监察工作卓有成效

安徽省劳动保障监察机构面对繁重的执法维权任务，认真贯彻落实党中央、国务院决策部署和人力资源和社会保障部的要求，积极进取，主动作为，在贯彻落实《国务院办公厅关于全面治理拖欠农民工工资问题的意见》、劳动保障监察制度机制建设、统计报告等方面取得了新的成绩。全省各级劳动保障监察机构认真按照党中央、国务院和省委、省政府部署，全面落实国办〔2016〕1 号文件和皖政办〔2016〕22 号文件要求，紧紧围绕维护劳动者合法权益，多措并举，不懈努力，重点攻坚农民工工资清欠工作，着力加强日常监察执法，有效整治突出违法问题，积极推进各项制度落实，强化突发事件应急处置，切实提升执法维权能力，扎实抓好自身建设，我省劳动保障领域各类突出违法问题得到有效整治，执法能力得到有效提升，队伍建设不断加强，执法维权工作取得显著成效。2016 年全省共检查用人单位 3.42 万户，对 2.55 万户用人单位进行书面审查；查处投诉举报案件 7867 件，结案率达到 97%；督促用人单位补签劳动合同 5.64 万人，补缴社会保险费 395.2 万元；追发 13.79 万名劳动者工资等待遇 14.72 亿元，为切实维护社会公平正义，促进社会大局和谐稳定做出了积极贡献。

（二）以典型案例警示和震慑劳动关系违法行为

2017 年安徽省为加大对拖欠劳动报酬违法行为的惩戒力度，进一步警示和震慑有拖欠劳动报酬倾向的用人单位，切实维护劳动者的劳动报酬等合法权益，依据《重大劳动保障违法行为社会公布办法》（人力资源和社会保障部令第 29 号），公布了两批拖欠劳动报酬典型案件。

案件从授受投诉到最后移送公安机关平均处理时间 37.87 天，最短的是 1 天，最长的是 157 天。案件涉案金额平均为 30.31 万元，最高为 86 万元，最低为 8.3 万元；案件平均涉案劳动者人数为 40.58 人，最多涉案人数 121 人，最少涉案人数 9 人，详见表 2－4 所列。

表 2－4　2017 年安徽省拖欠工资典型案例①

拖欠工资典型案例	接受投诉时间	移送公安或结案时间	案件处理时间（天）	涉案金额（万元）	涉案劳动者数量（人）
太湖县爱欣服饰拖欠劳动报酬案	2015.1.7	2015.1.12	5	10.45	31
岳西县余毓东拖欠劳动报酬案	2016.5.4	2016.7.13	70	11	9
利辛县刘贤叶拖欠劳动报酬案	2016.12.28	2017.2.4	37	39.79	37
蚌埠市淮上区安徽朗润铜业有限公司拖欠劳动报酬案	2016.2.16	2016.7.20	157	54.5	36
繁昌县徐世安拖欠劳动报酬案	2017.1.25	2017.1.26	1	86	121
池州铜陵龙杨装饰工程设计有限责任公司拖欠劳动报酬案	2016.3.3	2016.5.10	68	9.03	10
太和县胡长路拖欠劳动报酬案	2017.1.25	2017.2.21	27	17.89	34
合肥巢湖市万曙光拖欠劳动报酬案	2017.1.26	2017.2.16	21	13	12
蒙城县王韩超拖欠劳动报酬案	2017.6.5	2017.7.14	39	51.4	69
滁州市安徽智信缝纫制品有限公司拖欠劳动报酬案	2017.8.15	2017.8.22	7	51.2	93
当涂县周天山拖欠劳动报酬案	2017.5.4	2017.7.14	71	9.2	13
无为县合肥三鹏家兴装饰工程有限公司拖欠劳动报酬案	2017.1.23	2017.1.24	1	51	46.7
芜湖县何得水拖欠劳动报酬案	2017.7.17	2017.8.18	32	30.2	45
青阳县池州市宸丰鞋业有限公司拖欠劳动报酬案	2017.2.13	2017.2.17	4	8.3	26
宿松县娜依服装加工厂拖欠劳动报酬案	2017.1.26	2017.2.23	28	11.7	26

数据来源：安徽省人力资源和社会保障厅网站。

① 剔除了部分投诉时间不明确的典型案例。

（三）建立省际劳动监察网络平台

随着长江中游城市群四省会城市武汉、长沙、合肥、南昌之间经济社会文化的合作交流进一步深入，就业人员流动日益频繁，跨区域劳动纠纷及欠薪案件明显增多。为破解跨区域欠薪案件调查取证难题、补齐以往区域联合执法短板，四省会城市人社局同心同力、一起协商搭建监察网络平台。2017 年 6 月 29 日上午，长江中游城市群四省会城市人社局在南昌市联合举行了“互联网＋智慧人社”劳动监察网上协查平台启动仪式。四省会城市劳动监察部门负责人共同签署了《长江中游城市群四省会城市跨地区劳动保障监察网上协查机制合作协议书》。协查机制依托长江中游四省会城市网络 VPN 专线，增设了劳动监察跨区域案件网上协查模块，并分别融入了长沙和南昌现有的移动监察手机 APP、劳动监察手机“E”通功能，搭建劳动保障监察案件网上协查工作平台，在网上实现协查工作登记、流转、反馈、文书打印等工作内容，有效形成了“信息共享、委托办案、联合执法”的工作机制。

三、劳动争议仲裁与劳动监察制度建议

（一）切实落实劳动仲裁与诉讼衔接机制

2017 年 11 月 8 日，人社部和最高法联合下发《关于加强劳动人事争议仲裁与诉讼衔接机制建设的意见》（以下简称《意见》）。《意见》要求统一裁审受理范围和法律适用标准，规范受理程序衔接，规范保全程序衔接，规范执行程序衔接。完善裁审衔接工作机制，要建立联席会议制度，建立信息共享制度，建立疑难复杂案件办案指导制度，建立联合培训制度。《意见》的出台抓住了裁审过程实际工作的“痛点”，对现实具有很强的指导作用。下一步需要把加强裁审衔接机制建设作为依法治国实践、加强和创新社会治理要求的重要举措，不断提高劳动人事争议处理的质量和效率。积极推动各地人力资源和社会保障部门、人民法院将裁审衔接工作纳入劳动人事关系领域矛盾纠纷多元处理工作格局，切实加强领导，搞好统筹谋划，持续加以推进。各地人力资源和社会保障部门与人民法院要结合当地实际，抓紧制定出

台具体实施意见。加强对实践经验的总结推广，发挥典型引路作用，推动各地不断完善裁审衔接工作机制。

（二）完善劳动人事争议调解仲裁多元处理机制

持续加强乡镇（街道）劳动就业社会保障服务所（中心）调解组织建设，在乡镇（街道）综治中心设置劳动人事争议调解窗口。推动企业劳动争议调解委员会建设，提高企业自主解决争议的能力。支持工会、商（协）会、工业园区建立区域性、行业性劳动争议调解组织，充分发挥其调节劳动争议的独特优势。加强事业单位及其主管部门调解组织建设，探索有效化解劳动人事争议的长效机制。在劳动争议多发的乡镇（街道），人民调解委员会可设立专门窗口，及时受理并调解劳动争议。建立专业性劳动人事争议调解与仲裁调解、人民调解、司法调解的工作联动机制。建立完善形势分析、信息沟通、联合会商等工作制度。引导劳动人事争议当事人主动选择、自愿接受调解服务。通过政府购买服务等方式，鼓励和支持具有调解职能的其他社会组织及专家学者、法律工作者等开展调解工作，形成开放式的社会化调解网络。

第四节　安徽建构“和谐劳动关系”典型案例

一、“和谐劳动关系”综合试验区建设试点背景

劳动关系事关国计民生与社会发展，是最基本、最重要的社会关系之一。劳动关系与广大职工和企业的切身利益以及经济发展、社会和谐密切相关。在新的历史条件下，构建和谐的劳动关系，最大限度地增加和谐因素，最大限度地减少不和谐因素，是加强和创新社会管理、保障和改善民生的重要内容，是建设社会主义和谐社会的重要基础，是经济社会持续健康发展的重要保证，是增强党的执政基础、巩固党的执政地位的必然要求。党的十九大报告亦强调要完善政府、工会、企业共同参与的协商协调机制，构建和谐的劳动关系，以提高就业质量和人民收入水平。

安徽省积极推进构建“和谐劳动关系”综合试验区建设试点工作。2016年2月，中共安徽省委和安徽省人民政府联合下发《关于构建和谐劳动关系的实施意见》（以下简称《意见》），深入推进和谐劳动关系创建活动。《意见》指出要积极开展构建和谐劳动关系综合试验区建设，总结推广创建经验，发挥典型示范作用。10个月后，“开展构建和谐劳动关系综合试验区建设，创新和谐劳动关系创建活动模式”被写进安徽省人力资源和社会保障厅的《安徽省“十三五”人力资源和社会保障事业发展规划》。同时，安徽省人力资源和社会保障厅印发《关于开展构建和谐劳动关系综合试验区建设试点工作的通知》，着手布置试点工作。

布局皖北、皖中和皖南，打造安徽特色的和谐劳动关系，创新创建品牌。2017年上半年，安徽省将蚌埠市高新技术产业开发区、合肥高新技术产业开发区、马鞍山经济技术开发区作为省市共建和谐劳动关系综合试验区建设试点。计划利用5年时间，通过开展构建和谐劳动关系综合试验区建设，打造具有安徽特色、时代特点的和谐劳动关系实践高地。探索完善构建和谐劳动关系的体制机制，逐步实现劳动用工更加规范，职工工资合理增长，劳动条件不断改善，职工安全和健康得到切实保障，社会保险全面覆盖，人文关怀日益加强的目标，有效预防和化解劳动关系矛盾。三个开发区将依托综合试验区建设，进一步创新体制机制，夯实劳动关系基础，协调企业和职工权益，建立“规范有序、公正合理、互利共赢、和谐稳定”的劳动关系。

二、创新“和谐劳动关系”治理蚌埠模式

蚌埠高新区“和谐劳动关系”综合试验区通过“联”“培”“听”“讲”四字诀，从管理方式、执行力、管理思路和治理土壤四个方面改善构建“和谐劳动关系”生态环境，将不能治理、难以治理问题转化为可以治理、顺畅治理。通过紧扣“和谐劳动关系”突出矛盾，规范化、标准化“和谐劳动关系”工作流程，打造“和谐劳动关系”预防体系，创新“和谐劳动关系”管理体制①。

① 数据来自对蚌埠高新区人事劳动局的调研。

（一）蚌埠高新区“和谐劳动关系”综合试验区基本情况

蚌埠市高新技术开发区积累了丰富的“服务”经验。蚌埠高新区于 1994 年 4 月成立，2010 年 11 月被国务院批准为国家高新技术产业开发区。蚌埠高新区围绕创新主体，积极构建创新平台，完善创新体系，大力推进科技创新，园区创新能力持续提升。区内聚集了各类研发机构、省级以上企业技术中心、各类孵化机构、创新平台 60 多个，其中国家级孵化器 1 个、国家级众创空间 1 个。2011 年以来，蚌埠高新区管委会连续两届被中央文明委授予“全国文明单位”称号，是国家高新区中唯一获此荣誉的单位。2015 年获批国家级小微企业创新创业服务示范基地。2017 年，蚌埠高新区在全国“156＋1”个国家级高新区排名中已由 2016 年的第 46 位上升到第 42 位，连续 6 年争先进位，在 2007 年以后新升级的 103 家国家级高新区中综合排名第 2 位。

蚌埠高新区保有劳动关系管理样本多样性，并且数量较多。蚌埠高新区现在总体规划用地面积 136 平方公里，就业和居住人口约 15 万，各类企业 1900 多家，其中国家高新技术企业 68 家，外商投资企业近 40 家，上市挂牌企业 20 多家，总部设在高新区的 13 家。有以国威、德国曼胡默尔昊业、台资凤凰滤清器为代表的传统劳动密集型企业，以大富工业智能机器人、中建材的埃蒙特机器人和中电科 41 所为代表的资本技术密集型企业，有以凯盛光伏新材料、豪威科技电子显示白板、方兴科技、国显科技、华益导电膜为代表的战略性新兴企业。

蚌埠高新区担当责任，积极申请试点并制度化实施方案。根据《关于开展构建和谐劳动关系综合试验区建设试点工作的通知》（皖人社秘〔2016〕384 号）精神，高新区高度重视和谐劳动关系建设，积极申请试点构建和谐劳动关系综合试验区。省人社厅于 2017 年 2 月 10 日下发了《关于同意在蚌埠高新技术产业开发区开展省市构建和谐劳动关系综合试验区建设试点的批复》，蚌埠高新技术产业开发区管理委员会迅速落实试验区建设试点工作，2 月 23 日就制定出台了《蚌埠高新技术产业开发区建设和谐劳动关系综合试验区实施方案》，成立了领导小组。2017 年 4 月 7 日上午，省市构建和谐劳动关系综合试验区建设试点启动仪式率先在蚌埠高新区隆重举行。

（二）“和谐劳动关系”生态环境治理

第一，“联”合高校，从智力上拓展和创新构建“和谐劳动关系”管理方式。高新区以财政公共管理学院为智力支持原点，连接安徽财经大学，辐射省内外知名高校和学者。高新区人事劳动局同安徽财经大学财政与公共管理学院签订校政合作协议，拟开展劳动关系课题合作和培训。同时在高新区人事劳动局设立财政与公共管理学院社会实践基地，校政合作联合培养“和谐劳动关系”管理人才。

第二，“培”训调解员、“培”育园区活动空间，从行动上提升构建“和谐劳动关系”执行力。积极组织辖区企业、社区相关人员开展劳动争议调解员培训，并及时向市局申报办理劳动争议调解员证书。完善体育、文化、休闲娱乐等公共服务配套设施，开展丰富的文化活动，以此“培”育企业员工文化活动空间，帮助构建企业内部“和谐劳动关系”系统，实现系统内外对接，进而提升构建“和谐劳动关系”整体执行力。高新区重新整修了高新区友谊广场，完善了体育、文化、休闲娱乐等公共服务配套设施，组织开展了高新区“好人杯”乒乓球比赛、“我们的雷锋”绘画摄影作品征集评比等系列活动。

第三，“听”取相关利益主体意见，从源头梳理构建“和谐劳动关系”管理思路。邀请辖区部分规模以上企业召开“构建和谐劳动关系综合实验区建设”座谈会，广泛听取企业人力资源部门负责人的意见建议，对《蚌埠市构建和谐劳动关系的实施意见》（代拟稿）提出修改意见。指导成立高新区企业家协会，畅通“听”取意见渠道。通过充分酝酿沟通，高新区向区内部分企业发放《关于成立蚌埠高新区企业家协会有关事项征求意见函》，共征求 49 家企业负责人的意见，有 45 家企业负责人同意首批加入高新区企业家协会。2017 年 6 月 30 日按程序组织召开区企业家协会成立大会。

第四，“讲”政策、“讲”理念，从思想上培植构建“和谐劳动关系”土壤。组织开展“2017 年人社惠企政策集中宣讲会”“省经信委宣讲组赴高新区开展惠企利企政策宣讲”以及蚌埠高新区“千干扶千企”活动等形式多样的惠企帮扶活动。联合区司法分局开展人社政策进机关、进企业、进社区活动。组织开展高新区和谐劳动关系示范企业评选活动、编印《劳动就业和社会保障政策指南》《高新区开展省市构建和谐劳动关系综合试验区建设图册》以及编辑专版在《蚌埠日报》宣传等工作。举办“和谐劳动关系”进校园活动，帮助未来“劳动者”和“管理者”树立合法、合规、合理处理劳动关系的意识。

（三）“和谐劳动关系”政府管理创新

第一，以“信息化”为抓手，规范化、标准化“和谐劳动关系”工作流程。根据省人社厅《关于开展劳动人事争议仲裁院标准化建设的通知》精神，制定《蚌埠高新技术产业开发区劳动人事争议仲裁院标准化建设实施方案》，仲裁厅建设标准化配备了专用电脑、监控设备、多媒体投影、空调等设备。制定立案、庭审、文书送达、档案管理等工作细则，进一步优化工作流程，建立健全庭前调解、建议调解和委托调解制度，不断加强调裁、裁审衔接制度建设。仲裁院自成立以来，共受理劳动人事争议案件 139 起，涉及人数 321 人，讨回金额 452.5 万元，结案率达到 100%，调解成功率达 63.07%，其中妥善办结百人仲裁重大劳动争议案。

第二，以“签约参保”为切入点，打造“和谐劳动关系”预防体系。2017 年蚌埠高新区组织开展了劳动保障年审和诚信等级评价工作，共审查 550 家企事业单位执行劳动保障法律法规的情况，涉及劳动者 34621 人，督促 79 家单位办理参保登记，新增参保 1826 人，补签劳动合同 602 人。组织开展了清理整顿人力资源市场秩序专项行动、用人单位遵守劳动用工和社会保险法律法规情况专项检查、社会保险扩面征缴集中专项行动等。深入企业宣讲惠企稳岗优惠政策，进一步规范企业招用工行为，进一步推进用人单位“签约参保”，劳动合同签订率达到 96%，企业参加社会保险人数大幅增加。截至 2017 年 12 月底，规模以上企业全部参加社会保险，城镇职工基本养老保险费预估征收 32088.24 万元，完成年度目标任务的 103.14%。

第三，以“特殊人群”为工作重点，紧扣“和谐劳动关系”突出矛盾。高新区人事劳动局、建设和环保局、公安分局联合开展专项检查，排查隐患。同时，坚持日常巡查与专项检查相结合，重要节点维稳与日常监管并举，加强监察执法和刑事司法联动，加大对恶意欠薪农民工工资单位的打击力度。自高新区劳动人事综合执法大队成立以来，共登记受理欠薪投诉案件 97 件，为 3974 名农民工追回欠薪 5807.91 万元，并依法向高新公安移送两起拒不支付农民工工资并逃匿的违法犯罪案件，向蚌山区法院申请强制执行一起拖欠社保、工资行政法处罚案件。

三、完善“和谐劳动关系”蚌埠模式

第一，创新开放型“和谐劳动关系”蚌埠模式。始终保持锐意创新和开放的态势，总结经验和存在的问题。同时乐于、勇于和敢于吸收兄弟单位的成功经验和先进理念，站在全局高度，以高度的历史责任感和使命感继续创新蚌埠模式。组织相关人员到和谐劳动关系国家级示范点考察学习，推进高新区特色和谐劳动关系创建工作。

第二，推进塑造企业内部“和谐劳动关系”生态系统工作。应该对企业构建“和谐劳动关系”进行赋能，使其具备微观自适应和稳定劳动关系的机能。进一步建立健全企业民主管理和厂务公开制度，建立和完善职工代表大会制度。区工会、人劳等部门牵头，在深入企业广泛征求意见基础，指导企业成立工会组织，完善劳动报酬、工作时间、休息休假、保险福利、职工培训、劳动纪律等规章制度，推进集体协商和集体合同制度建设。

第三，从低向高延伸重构“和谐劳动关系”“听”“讲”理念。“和谐劳动关系”的宣传和培训工作以面向广大中低层管理人员为主，集中于“执行”层面工作的推动。但“和谐劳动关系”的构建却是企业战略层面问题，仅是“执行”层面的推动很难从根本上改变现有格局。企业作为“理性人”，推动“和谐劳动关系”建设，首先要通过企业核心的“成本计算”测验，企业战略决策层往往直观感受到成本上升，而忽略或无法清楚感知“不作为”的风险成本。因此，需要有劳动关系“会计”清楚地向决策高层表明糟糕劳动关系所产生的成本。

第三章 安徽医疗保障发展研究

2017 年是党的十九大召开之年，也是实施“十三五”规划重要的一年。2017 年安徽省根据出台的《安徽省“十三五”深化医药卫生体制改革规划》《安徽省 2017 年深化医药卫生体制综合改革试点重点工作任务》等一系列文件要求，采取诸多措施，合理控制医药费用增长，降低药品、耗材占比；大力发展完善家庭医生签约服务制度；积极推进医保制度“省级统筹”和异地转诊及结算政策；进一步改革医保支付方式；设立“日间手术管理中心”，缓解“看病难”“看病贵”问题；深入探索推进城市医联体建设。各项医疗保障事业取得了较大成绩。

第一节 安徽医疗保险发展现状

一、安徽城镇职工基本医疗保险发展状况

截至 2016 年 12 月底，安徽城镇职工基本医疗保险参保人数总计 781.95 万人，与去年同期相比净增参保人数 18.65 万人，参保人数呈现稳步增长态势。而从城镇职工基本医疗保险参保率角度看，2016 年安徽城镇职工基本医疗保险参保率达到 58.90%，与 2015 年相比下降了 0.17 个百分点，详见表 3-1 所列。

表 3-1 2010—2016 年安徽城镇职工基本医疗保险参保人数及参保率状况

年份	城镇从业人数（万人）	参保人数（万人）	参保率（%）
2010	973.5	612.85	62.95
2011	1038.3	659.32	63.50

（续表）

年份	城镇从业人数（万人）	参保人数（万人）	参保率（%）
2012	1141.0	685.21	60.05
2013	1226.2	715.97	58.39
2014	1277.4	739.88	57.92
2015	1292.1	763.30	59.07
2016	1327.5	781.95	58.90

数据来源：根据历年《安徽统计年鉴》整理计算。

分地区来看，截至 2016 年 12 月底，合肥市参保人数最多，达到 1990643 人；其次是芜湖市，为 718759 人；池州市最少，仅为 138993 人。而从各地市的环比增长比较情况可以看出，铜陵市的环比增长最高，为 12.86%；其次是淮南市，环比增长 8.61%；而六安市的环比下降幅度最大，为 10.26%，其次安庆市的环比下降幅度也较大，达到 6.18%，详见表 3－2 所列，如图 3－1 所示。

表 3－2　安徽省各市城镇职工基本医疗保险参保情况

地　区	2015 年参保人数（人）	2016 年参保人数（人）	增长率（%）
合肥市	1905413	1990643	4.47
淮北市	461189	461071	－0.03
亳州市	219078	226904	3.57
宿州市	312456	315615	1.01
蚌埠市	467342	472995	1.21
阜阳市	385458	399554	3.66
淮南市	529747	575383	8.61
滁州市	410722	416868	1.50
六安市	358630	321836	－10.26
马鞍山市	480845	496317	3.22
芜湖市	699245	718759	2.79
宣城市	319366	323825	1.40

（续表）

地　区	2015 年参保人数（人）	2016 年参保人数（人）	增长率（%）
铜陵市	291904	329442	12.86
池州市	137236	138993	1.28
安庆市	464906	436192	−6.18
黄山市	189476	195122	2.98

数据来源：根据《安徽统计年鉴 2016》《安徽统计年鉴 2017》整理计算。

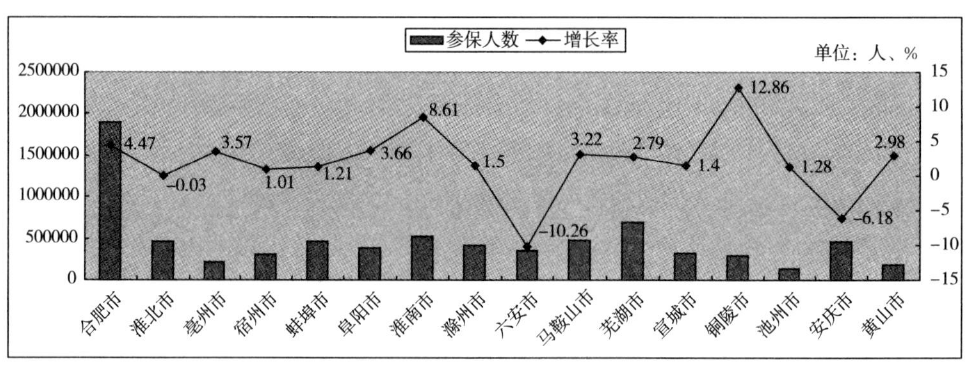

图 3-1　2016 年安徽省各市城镇职工基本医疗保险参保情况

（一）安徽省城镇职工基本医疗保险基金收入、支出及结余情况

从基金收入总量来看，2016 年安徽省城镇职工基本医疗保险基金征缴收入总量增长迅速，截至 2016 年底基金收入达到 2188427 万元，比上年增加 248177 万元，增长率达到 12.79%。从基金支出总量来看，2016 年全省城镇职工基本医疗保险基金总支出 1777104 万元，与去年同期相比，基金总支出量增加 85892 万元，增幅达到 5.08%。从基金累计结余来看，2016 年安徽全省城镇职工基本医疗保险基金累计总结余 2672820 万元，与去年同期相比，增加 411321 万元，增幅达到 18.19%。而从基金累计结余可支付月数来看，2016 年可支付月数比 2015 年增加了 2 个月，且近些年来一直保持在 16 个月左右，详见表 3-3所列。

表 3－3　安徽城镇职工基本医疗保险基金收入、支出及结余情况

年份	基金收入（万元）	基金支出（万元）	基金累计结余（万元）	累计结余可支付月数（个）
2010	804305	686634	1058981	18.51
2011	1073432	883504	1248637	16.96
2012	1293320	1100605	1441351	15.72
2013	1594845	1283736	1752515	16.38
2014	1737243	1477297	2012461	16.35
2015	1940250	1691212	2261499	16.05
2016	2188427	1777104	2672820	18.05

数据来源：安徽统计局，《安徽统计年鉴 2016》《安徽统计年鉴 2017》。

分地区来看，截至 2016 年底，合肥市无论是基金收入总量、支出总量还是基金结余总量均为全省最多，2016 年合肥市基金收入总量为 692872 万元，基金支出总量为 506617 万元，基金结余总量为 1088783 万元；而池州市无论是在基金收入还是在基金支出方面均属于全省最少，其中，2016 年池州市基金收入总量为 40717 万元，基金支出总量为 33200 万元。而从基金收入增长率来看，2016 年铜陵市基金收入环比增长率最高，为 37.61%，淮南市基金收入环比增长率最低，为－13.15%。从基金支出增长率来看，2016 年宿州市基金支出环比增长率最高，为 14.95%；安庆市基金支出环比增长率最低，仅为－9.44%。另从基金累计结余额增长率来看，2016 年宣城市基金结余环比增长率最高，为 36.34%；而安庆市基金结余环比增长率最低，为－0.09%，详见表 3－4 所列。

表 3－4　安徽省各市城镇职工基本医疗保险基金收入、支出及累计结余情况

地区	基金收入			基金支出			基金累计结余		
	2015 年（万元）	2016 年（万元）	增长率（%）	2015 年（万元）	2016 年（万元）	增长率（%）	2015 年（万元）	2016 年（万元）	增长率（%）
合肥市	602484	692872	15.00	474594	506617	6.75	902528	1088783	20.64
淮北市	65656	69269	5.50	59357	63333	6.70	97508	103443	6.09
亳州市	58944	69084	17.20	45502	51027	12.14	83914	101971	21.52

（续表）

地区	基金收入			基金支出			基金累计结余		
	2015年（万元）	2016年（万元）	增长率（%）	2015年（万元）	2016年（万元）	增长率（%）	2015年（万元）	2016年（万元）	增长率（%）
宿州市	60610	72393	19.44	45919	52784	14.95	121384	140993	16.15
蚌埠市	104937	116883	11.38	94586	104083	10.04	87910	100710	14.56
阜阳市	96101	114353	18.99	83962	87254	3.92	92381	119480	29.33
淮南市	131726	114399	－13.15	102958	108183	5.07	117041	129861	10.95
滁州市	109700	126838	15.62	96565	106377	10.16	142552	163013	14.35
六安市	85915	93070	8.33	82168	77758	－5.37	124205	132913	7.01
马鞍山市	129825	149246	14.96	125915	133061	5.68	78735	94919	20.56
芜湖市	166923	187157	12.12	166490	166760	0.16	118090	138487	17.27
宣城市	76727	94203	22.78	69953	76168	8.88	49631	67666	36.34
铜陵市	59818	82317	37.61	58359	64444	10.43	86785	117108	34.94
池州市	34966	40717	16.45	31124	33200	6.67	32748	40265	22.95
安庆市	107867	114109	5.30	112335	101728	－9.44	77929	77860	－0.09
黄山市	48051	51517	7.21	41426	44327	7.00	48158	55348	14.93

数据来源：根据《安徽统计年鉴2016》《安徽统计年鉴2017》整理计算。

（二）2017年安徽省城镇职工基本医疗保险改革新举措

1. 合理控制医药费用增长，降低药品、耗材占比

国内医院药品加成占比过大，是“看病难”最大的症结。医改至今，药品加成已经取消，但不合理药品、耗材、检查检验费用等，仍存在较大调价空间。对此，安徽省医改将“软硬兼施”，合理控制医药费用增长，降低药品（不含中药饮片）、耗材占比。力争2017年，公立医院的“药占比”总体降到30%以下，百元医疗收入（不含药品收入）中消耗的卫生材料降到20元以下。

2. 大力发展完善家庭医生签约服务制度

作为分级诊疗的突破口，家庭医生签约服务制度将更加完善。在运行机制上，安徽省将签约对象服务纳入医保门诊统筹管理，实行按人头付费，将门诊统筹资金预付给基层医疗卫生机构统筹管理使用，

引导居民在基层首诊。此外，为避免多开药、多检查的“过度治疗”，家庭医生实施“按人头收费”的方式，最终实现家庭医生成为居民健康和医保基金的双重“守门人”。根据《安徽省“十三五”深化医药卫生体制改革规划》时间表，2017 年重点人群签约服务覆盖率达到 60%以上；到 2020 年，安徽省争取将签约服务扩大到全人群，基本实现家庭医生签约服务制度全覆盖。

3. 积极推进医保制度“省级统筹”和异地转诊及结算政策

目前安徽省医保制度为“市级统筹”。医保统筹层次偏低会带来诸多弊端，如加大了各级医保经办机构的管理成本；在一定程度上抑制了高流动性就业人员；降低了医保基金的使用效率；不利于发挥医保的共济性；参保人员异地就医及结算困难等。为解决上述诸多问题，2017 年 9 月安徽省正式出台的《安徽省“十三五”深化医药卫生体制改革规划》明确提出，按照分级管理、责任共担、统筹调剂、预算考核的基本思路，加快提高基金统筹层次，“到 2020 年，建立医保基金调剂平衡机制，逐步实现医保省级统筹，基本医保政策范围内报销比例稳定在 75%左右”。

此外，《安徽省“十三五”深化医药卫生体制改革规划》也将解决异地就医结算的难点。根据规划，参保对象可以在省内任意医院，按照统一的医保政策进行结算，而不仅仅是局限在少数“定点医院”。同时，安徽省还将健全异地转诊政策，推动异地就医结算与促进医疗资源下沉。

4. 进一步改革医保支付方式

近几年来，我省一直在探索推进医保支付方式改革，系统推进按人头付费、床日付费、总额付费等多种方式结合的付费方式改革，以控制医疗费用不合理增长。根据《安徽省 2017 年深化医药卫生体制综合改革试点重点工作任务》要求，2017 年以按病种付费为主的多元复合型支付方式改革覆盖所有公立医院。

5. 设立“日间手术管理中心”，缓解“看病难”“看病贵”问题

为有效缓解“看病难”“看病贵”问题，按照省卫计委统一部署，2017 年安徽省部分医院推广日间手术模式。日间手术诊疗模式可缩短

患者住院时间，减少病房占用，节约医疗资源，提高医疗服务效率，减轻患者就医负担。预计到2018年，全省将建立完善适合我省省情的日间手术管理制度、工作模式、运行机制以及质量评估和持续改进体系，不断扩大日间手术病种范围，日间手术占择期手术比例将达10%。

6. 深入探索推进城市医联体建设

2017年4月，国务院办公厅印发了《关于推进医疗联合体建设和发展的指导意见》，提出逐步形成多种形式的医联体组织模式，完善医联体内部分工协作机制，促进医联体内部优质医疗资源上下贯通。根据该意见要求，安徽省于2017年7月启动了创新城市“医联体”试点工作。合肥市庐阳区、芜湖市、蚌埠市被指定为此轮全省创新城市“医联体”工作首批试点单位。安医一附院、省立医院、合肥市一院将对口合肥老城区6个社区卫生服务中心，开展“医联体”试点。创新城市医联体试点工作的开展，目的是以城市医联体为载体，以高年资护士为纽带，以“三人”（老年人、孕产妇、婴幼儿）以及“四病”（高血压、糖尿病、精神病、脑卒中康复）等为重点，深化家庭医生签约、社区首诊、预约转诊、双向转诊连续服务流程，建立城市医院与社区卫生服务中心责任共担、利益共享新机制。

二、安徽城镇居民基本医疗保险发展状况

（一）安徽城镇居民基本医疗保险参保人数状况

截至2016年底，安徽城镇居民基本医疗保险参保人数总计8395682人，与去年同期相比参保人数减少1347258人，下降13.83个百分点，如图3-2所示。

分地区来看，截至2016年底，合肥市城镇居民基本医疗保险参保人数最多，达到1656776人；其次是芜湖市，参保人数达到1047000人；阜阳市参保人数最少，仅为31192人。而从各地市的城镇居民基本医疗保险的环比增长率比较情况可以看出，淮南市的环比增长率最高，为21.45%；其次是铜陵市，环比增长率为15.81%；而阜阳市的环比增长率最低，为-90.62%，详见表3-5所列和如图3-3所示。

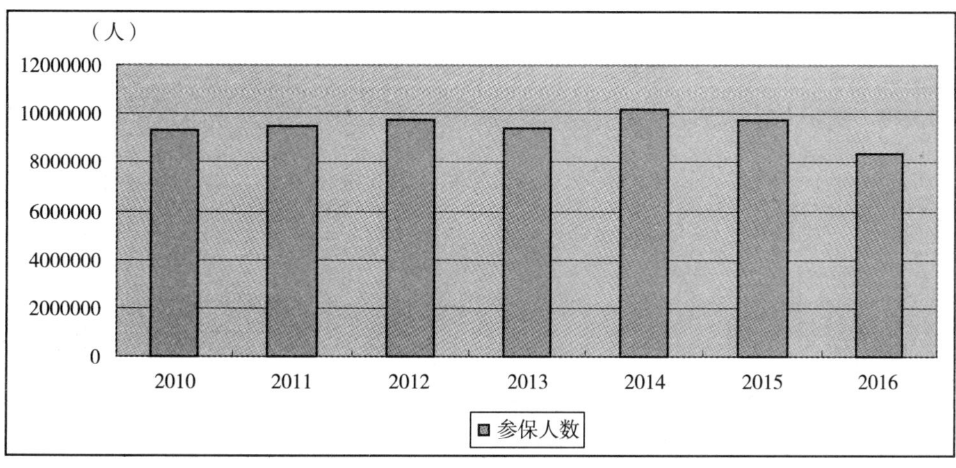

图 3-2　2010—2016 年安徽城镇居民基本医疗保险参保人数

表 3-5　安徽省各市城镇居民基本医疗保险参保情况

地区	2015 年参保人数（人）	2016 年参保人数（人）	增长率（%）
合肥市	1586878	1656776	4.40
淮北市	503196	473502	－5.90
亳州市	628555	203977	－67.55
宿州市	626501	547883	－12.55
蚌埠市	608325	372493	－38.77
阜阳市	332581	31192	－90.62
淮南市	609366	740049	21.45
滁州市	682274	588230	－13.78
六安市	847674	544833	－35.73
马鞍山市	501000	472699	－5.65
芜湖市	1045838	1047000	0.11
宣城市	194405	179709	－7.56
铜陵市	467149	541012	15.81
池州市	105862	110645	－4.52
安庆市	794441	685985	－13.65
黄山市	208895	199697	－4.40

数据来源：根据《安徽统计年鉴 2016》《安徽统计年鉴 2017》整理计算。

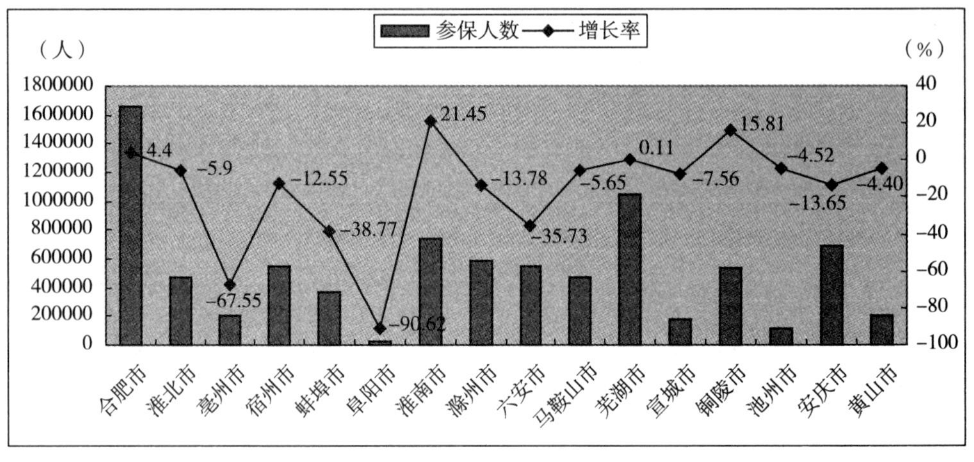

图 3-3 安徽省各市城镇居民基本医疗保险参保情况

（二）安徽省城镇居民基本医疗保险基金收入、支出及结余情况

2016 年末，安徽省城镇居民基本医疗保险基金收入总规模达到 473304 万元，比上年增加 22191 万元，增长率达到 4.92%。从基金支出总量来看，2016 年全省城镇居民基本医疗保险费总支出为 370684 万元，与去年同期相比，基金总支出增加 170 万元，增幅达到 0.05%。从基金累计结余来看，2016 年全省城镇居民基本医疗保险费累计总结余 592066 万元，与去年同期相比，增加 72064 万元，增幅达到 13.86%，详见表 3-6 所列。

表 3-6 安徽城镇居民基本医疗保险基金收入、支出及累计结余情况

单位：万元

年份	基金收入	基金支出	基金累计结余
2010	184683	133787	206781
2011	252180	176054	275948
2012	321603	236587	356475
2013	417549	344626	402958
2014	372422	326502	448820
2015	451113	370514	520002
2016	473304	370684	592066

数据来源：安徽统计局，《安徽统计年鉴 2017》。

分地区来看，截至 2016 年 12 月底，合肥市城镇居民基本医疗保险无论是基金收入总量、支出总量还是基金结余总量均为全省最多。2016 年合肥市城镇居民基本医疗保险基金收入总量为 75470 万元，基金支出总量为 59343 万元，基金结余总量为 117847 万元；而阜阳市无论是在基金收入还是基金支出、基金结余额方面均属于全省最少，其中，2016 年阜阳市基金收入总量为 1204 万元，基金支出总量为 827 万元，基金结余总量为 5949 万元。而从各市城镇居民基本医疗保险基金收入、支出及结余增长率来看，其中，2016 年淮南市基金收入环比增长率最高，为 41.96%，阜阳市基金收入环比增长率最低，不仅没有增长，反而下降，为－92.16%；2016 年池州市基金支出环比增长率最高，为 41.97%，阜阳市基金支出环比增长率最低，为－92.89%；铜陵市基金结余环比增长率最高，为 117.48%，阜阳市基金结余环比增长率最低，为－76.53%，详见表 3－7 所列。

表 3－7　安徽省各市城镇居民基本医疗保险基金收入、支出及结余情况

地区	基金收入			基金支出			基金累计结余		
	2015 年（万元）	2016 年（万元）	增长率（%）	2015 年（万元）	2016 年（万元）	增长率（%）	2015 年（万元）	2016 年（万元）	增长率（%）
合肥市	70395	75470	7.21	55431	59343	7.06	102324	117847	15.17
淮北市	18201	21508	18.17	17152	20713	20.76	10492	11289	7.60
亳州市	18724	11319	－39.55	9808	8882	－9.44	37462	39876	6.44
宿州市	28518	34381	20.56	19341	24034	24.26	38196	48548	27.10
蚌埠市	23409	20465	－12.58	17976	12501	－30.46	37359	34637	－7.29
阜阳市	15350	1204	－92.16	11633	827	－92.89	25342	5949	－76.53
淮南市	31522	44748	41.96	33052	36419	10.19	22377	31870	42.42
滁州市	33994	37275	9.65	23396	26156	11.80	63569	74798	17.66
六安市	35759	36171	1.15	30516	28582	－6.34	39975	46437	16.16
马鞍山市	25512	28997	13.66	24671	23890	－3.17	11484	16618	44.71
芜湖市	54200	63405	16.98	50909	48803	－4.14	36887	51784	40.39
宣城市	13916	13549	－2.64	10430	12045	15.48	14504	16008	10.37

（续表）

地区	基金收入			基金支出			基金累计结余		
	2015 年（万元）	2016 年（万元）	增长率（%）	2015 年（万元）	2016 年（万元）	增长率（%）	2015 年（万元）	2016 年（万元）	增长率（%）
铜陵市	25145	34577	37.51	21455	27197	26.76	11937	25961	117.48
池州市	4811	5868	21.97	2590	3677	41.97	6648	8839	32.96
安庆市	39708	33740	－15.03	33407	27461	－17.80	45618	45304	－0.69
黄山市	11950	10627	－11.07	8748	10154	16.07	15827	16301	2.99

数据来源：根据《安徽统计年鉴 2016》《安徽统计年鉴 2017》整理计算。

（三）安徽省城乡居民医保实现基本统一

城镇居民基本医疗保险制度和新型农村合作医疗制度独立运行不仅会加大行政管理成本，而且容易导致重复参保、财政重复配套、重复报销、待遇不公平等一系列问题。为解决上述诸多问题，2017 年 1 月，安徽省政府下发《关于整合城乡居民基本医疗保险制度的实施意见》，推进城镇居民基本医疗保险（简称城镇居民医保）和新型农村合作医疗（简称“新农合”）两项制度整合，在 2017 年底前基本建立统一的城乡居民基本医疗保险（简称城乡居民医保）制度。将实现覆盖范围、筹资政策、保障待遇、医保目录、定点管理等多方面统一。

（四）安徽省城镇居民基本医疗保险筹资及报销水平

根据安徽省人社厅出台的《2017 年度城镇居民基本医疗保险实施办法》，2017 年度参保居民个人缴费标准统一为 150 元，各级财政补助标准提高到每人 450 元。全省城镇居民基本医疗保险实行市级统筹，在全市范围统一覆盖范围，统一筹资政策，统一保障待遇，统一目录管理，统一定点管理，统一基金管理，统一经办服务流程和医保信息网络。

在报销政策方面，《2017 年度城镇居民基本医疗保险实施办法》规定，完善城镇居民基本医疗保险和大病保险政策，力争基本医疗保险政策范围内住院费用基金补偿比例达到 75%左右；以住院费用统筹为主，兼顾门诊慢性（特殊）病、普通门诊费用。

（五）逐步实行省级统筹，异地就医实现即时结算

根据《关于整合城乡居民基本医疗保险制度的实施意见》，城乡居

民医保制度以设区市为单位实行市级统筹，并创造条件逐步实行省级统筹。此外，我省还将做好医保关系转移接续和异地就医结算服务，加快完善省、市级异地就医结算平台，保障城乡居民参保人员异地就医即时结算需求。

（六）城镇居民大病保险制度实现全覆盖

为有效防止发生家庭灾难性医疗支出，2017 年安徽省继续完善城镇居民大病保险制度，城镇居民基本医疗保险参保人员将全部纳入大病保险保障范围，大病保险支付比例达到 50％以上，从而实现城镇居民大病保险制度全覆盖。此外，大病保险制度将与医疗救助等制度紧密衔接，共同发挥托底保障功能。

（七）继续试点实施商业保险公司经办基本医保

为了发挥市场机制作用，降低运行成本，提高管理效率和服务质量，从 2015 年 7 月 1 日起，试点期限到 2017 年 12 月 31 日。全省 25 个已经实现城镇居民基本医保和“新农合”两项制度并轨运行的地区，开展商业保险机构经办服务试点。由此，安徽成为第一个基本医疗保险经由商业保险公司经办的试点省份。

三、安徽新型农村合作医疗发展状况

（一）安徽“新农合”参保人数及参保率状况

截至 2016 年 12 月底，安徽“新农合”参保人数总计 5121.0 万人，与去年同期相比参保人数减少 70 万人。从参合率角度看，2016 年安徽“新农合”参合率达到 102.0％，比去年同期相比增长 0.2 个百分点，详见表 3－8 所列。

表 3－8　2010—2016 年安徽“新农合”参保人数及参保率状况

年份	参保人数（万人）	参保率（％）
2010	4750.2	96.0
2011	4917.1	98.7
2012	5043.8	99.5
2013	5149.6	100.6

（续表）

年份	参保人数（万人）	参保率（%）
2014	5190.8	101.0
2015	5191.0	101.8
2016	5121.0	102.0

数据来源：安徽统计局，《安徽统计年鉴 2017》。

（二）安徽“新农合”基金收入、支出及结余情况

为切实提高保障水平，根据国家统一部署，2017 年将新型农村合作医疗财政补助标准由 2016 年每人 420 元提高到 450 元。同时，2017 年，“新农合”大病保险人均筹资标准提高到全省平均 30 元左右，具体标准由统筹地区根据当地大病发病率等情况精算，并通过与商业保险公司竞争性谈判等方式确定。2016 年，安徽省“新农合”基金共筹资 2854539 万元，比上年增加 302719 万元，其中农民缴纳额达到 615320 万元，比去年增加 96302 万元。2016 年安徽省“新农合”基金支出总额达到 2549181 万元，比去年增加 317150 万元，增长率达到 14.21%。“新农合”基金总额达到 3676921 万元，比去年增加 560005 万元，增长率达到 17.97%。可以看出，“新农合”基金每年都有一定量的结余，详见表3－9所列。

表 3－9　2010—2016 年安徽省“新农合”基金收、支及结余情况　单位：万元

项目＼年份	2010	2011	2012	2013	2014	2015	2016
当年筹资	721087.90	1129839.80	1487169.70	1895768.10	2129676.50	2551820	2854539
农民缴纳	142981.60	148044.70	252338.20	309303.10	363169.4	519018	615320
基金总额	806507.70	1307626.70	1869843.80	2326102.60	2659934.3	3116916	3676921
基金支出	632122.30	932038.50	1428580.60	1775727.80	2064647.3	2232031	2549181

数据来源：安徽统计局，《安徽统计年鉴 2017》。

（三）安徽“新农合”补偿情况

2016 年，安徽省“新农合”补偿受益人次达 9532.0 万人次，比 2015 年减少 507 万人次，下降率达到 5.05%；住院实际补偿比达到

61.8%，比2015年提高了3.3个百分点，详见表3－10所列。

表3－10 安徽省“新农合”补偿情况

项目＼年份	2010	2011	2012	2013	2014	2015	2016
补偿受益（万人次）	4260.2	6379.8	10070.2	10382.2	10232.7	10039.0	9532.0
住院率（%）	6.3	6.6	8.2	9.0	9.6	9.7	10.5
住院实际补偿比（%）	46.3	51.3	59.3	59.8	60.0	58.5	61.8

数据来源：安徽统计局，《安徽统计年鉴2017》。

分地区来看，2016年，安徽省补偿受益人次最多的是阜阳市，达到1838.0万人次，排居第二的是亳州市，达到1254.0万人次，而补偿受益人次最少的是铜陵市，仅115.0万人次。从住院实际补偿比来看，2016年亳州市的补偿比最高，达到69.5%，而铜陵市的住院实际补偿比最低，仅54.6%，两者相差达14.9个百分点，详见表3－11所列和如图3－4所示。

表3－11 2016年安徽省各市“新农合”补偿情况

地区	补偿受益（万人次）	住院实际补偿比（%）
合肥市	641.0	57.3
淮北市	205.0	64.9
亳州市	1254.0	69.5
宿州市	985.0	64.4
蚌埠市	561.0	65.5
阜阳市	1838.0	64.8
淮南市	311.0	57.5
滁州市	712.0	61.3
六安市	786.0	58.6
马鞍山市	205.0	56.6
芜湖市	349.0	59.6

（续表）

地区	补偿受益（万人次）	住院实际补偿比（%）
宣城市	455.0	63.1
铜陵市	115.0	54.6
池州市	141.0	59.8
安庆市	761.0	59.6
黄山市	211.0	59.1

数据来源：安徽统计局，《安徽统计年鉴 2016》。

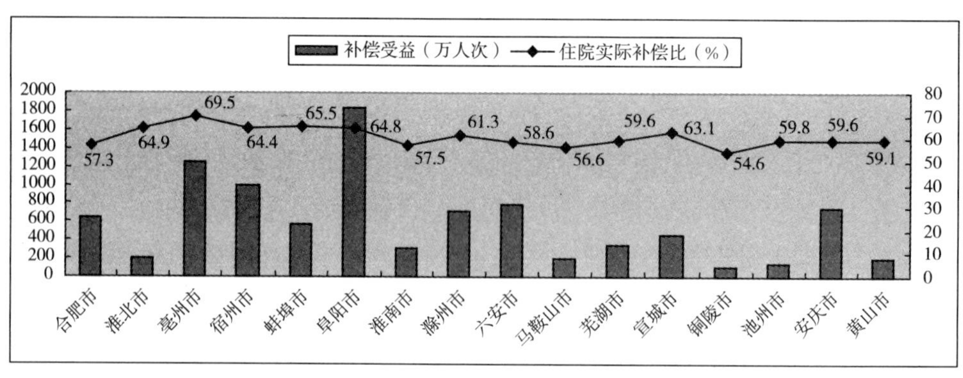

图 3-4　2016 年安徽省各市“新农合”补偿情况

（四）安徽县域“医共体”“医联体”建设步伐进一步加快

优质医疗资源的稀缺，以及城乡的分配失衡，是“看病难”问题出现的重要源头。“医共体”“医联体”的出现，让破解看病难有了新路子。根据《安徽省“十三五”深化医药卫生体制改革规划》，未来几年，安徽省将加快推进两者的建设步伐。“在 2018 年实现所有县全面推开县域医共体建设基础上，进一步完善县域医共体运行机制和服务模式。”县乡医疗机构将开展按病种付费“同病同价”试点，倒逼县级医院将乡镇卫生院能够诊治的病种、康复期病人向下转诊。基本公共卫生项目的慢性病防控任务，未来也将交给医共体管理，从而实现医防同向激励，发挥县乡医疗资源在慢性病防控方面的作用。

（五）创建县域医共体中心药方，降低药品虚高价格

为保障药品有效供应，降低药品虚高价格，2017 年安徽省印发了

《关于建立县域医共体中心药房保障药品供应的通知》，要求建立县域医共体中心药房，实现县域医共体内医疗卫生机构统一用药范围、统一网上采购、统一集中配送和统一药款支付，确保人民群众用药安全、有效、经济、便捷。

（六）安徽省各地积极实施健康脱贫工程

为有效解决贫困人口“因病致贫、因病返贫”问题，根据省市精准脱贫和健康脱贫工程部署，各地在2016年大力实施健康脱贫工程的基础上，2017年根据《安徽省人民政府关于2017年实施33项民生工程的通知》，实施健康脱贫兜底“351”及建档立卡贫困患者慢性病费用补充医疗保障“180”工程。对建档立卡的贫困人口在省内医疗机构发生的限额内合规医疗费用，通过基本医保等综合补偿后，在县域、市级、省级医疗机构个人自付费用实行“351”封顶；在此基础上，对建档立卡的贫困患者慢性病自付医药费再给予一定比例报销。2017年上半年，全省贫困人口住院44.91万人次，共发生医药费用22.83亿元，综合医保补偿19.81亿元，平均补偿比87%；“180”补充医保采取追溯补偿方式，从2017年1月1日起开始兑现，慢性病门诊平均报销比例超过90%。随着年度累计费用的逐步增加，达到“351”兜底线的贫困患者会逐步增加，大病住院平均报销比将达到90%以上。

（七）“新农合”全面实现双向跨省即时结报

安徽省是劳务输出大省，“新农合”患者“异地看病”往返两地报销手续十分烦琐。为方便患者异地就医，安徽省近几年来一直在探索跨省即时结报的方法。2017年，按国家统一部署，全省统一了经国家平台结报补偿政策，通过“点到面”方式快速推进跨省即时结报。2017年7月，完成通过国家平台的跨省结报联网工作，全面实现双向跨省即时结报。今后，我省“新农合”患者经规范转诊的，在省外139家医疗机构可享受即时结报，出院时只需支付自付部分。同时，四川、辽宁、吉林、海南、贵州、陕西、甘肃、福建八省的参保人员，在我省首批试点的10家医院就医也能享受即时结报。截至2017年7月，全省有3992名“新农合”患者以“点对点”方式实现跨省异地联网结报。

第二节 安徽医疗保障存在问题分析

一、医疗保险基金累计结余较多，各地区结余水平差异大

按照我国人社部指导意见的标准，城镇职工基本医疗保险基金累计结余应控制在 6 个月至 9 个月的平均支付水平，超过 15 个月平均支付水平为结余过多。但安徽省城镇职工医疗保险近几年来基金累计结余可支付月数一直保持在 16 个月左右，显然处于结余过多状态。

此外，安徽省各地区医保基金结余水平差异较大。以城镇居民基本医疗保险为例，2016 年安徽省城镇居民基本医疗保险基金当年结余增幅达到 13.86%，而各地区城镇居民医保基金当年结余水平差异较大，其中，最为显著的是铜陵市基金结余环比增长率最高，为 117.48%，阜阳市基金结余环比增长率最低，为−76.53%。二者相差非常悬殊。由于目前城镇居民基本医疗保险统筹层次较低，仅为市级统筹，这就导致结余水平较低的城市的医保基金难以满足当地城镇居民的医疗需求，而另一些地区却产生医保基金当年结余过多造成资源浪费的现象。

二、基层医疗卫生机构医疗服务发展滞后

近些年来，虽然安徽各级政府已逐渐加大对社区卫生服务的政策保障力度，对机构经费投入也逐渐提高，但一直以来基层医疗卫生机构发展较滞后，严重影响了分级诊疗制度的有效实施，阻碍了“看病难、看病贵”问题的有效解决。首先，基层医疗卫生机构存在着较严重的医疗技术人才缺乏问题。虽然近些年来我国一直在大力发展社区卫生服务机构，但高素质的全科医学人才及全科实用型人才仍处于严重匮乏状态，而且由于社区服务机构的待遇和发展空间等无法与大型医疗机构相比，因此难以吸引和留住优秀医学人才到社区工作，这导致社区医疗卫生服务中心难以提供高质量的医疗服

务，无法吸引病人前去就诊。其次，财力也是制约社区卫生服务发展的关键因素。目前，基层医疗卫生机构自身财政基础相对薄弱，以及政府财政补贴不足，使得相关配套的医疗设施不完善，难以提供优质的医疗服务。

三、存在制度分割和管理部门分割问题

目前安徽省已基本实现城镇居民医疗保险制度和“新农合”制度的合并统一，这虽然在一定程度上解决了制度的碎片化问题，但合并后的城乡居民基本医疗保险制度仍与城镇职工基本医疗保险制度在筹资方式、待遇发放等方面的政策有很大不同，两者之间目前仍缺乏有效的协调机制，增加了制度衔接的困难，阻碍了城乡基本医疗保险制度的管理和良性发展。而且目前基本医疗保险制度也处于碎片化的管理状态，其中，城镇职工基本医疗保险制度由人力资源和社会保障部门管理，城乡居民基本医疗保险制度由卫生部门管理，而城乡医疗救助由民政部门统管，这就导致安徽省基本医疗保险制度管理中出现了多头领导，无法统一实施管理的情况。这种制度碎片化、多部门管理不仅容易造成政出多头、管理效率低下、重复参保等诸多问题，而且也无法科学整合和有效利用有限的医保资源。

四、各地保障水平有待进一步提高和均衡

作为综合医改试点省，安徽省通过采取一系列改革措施，各项基本医疗保险的保障水平均有很大程度提高，但我省因病致贫返贫人口基数大、占比高，因此，今后应进一步提高保障水平，防止“因病致贫”“因病返贫”。此外，各区域之间保障水平也存在不均衡问题。如2016年安徽省“新农合”实际补偿比最低的是铜陵市，仅为54.6%，而“新农合”实际补偿比最高的是亳州市，达到69.5%，两者相差14.9个百分点。

五、异地就医直接结算机制有待进一步完善

目前，安徽省正在大力实施异地就医直接结算机制，也取得了很

大进展，但异地就医仍然存在着一些问题需要解决：一是医保体系多元化，城乡经办机构不一致；二是由于流动人口多是从经济欠发达地区向发达地区流动，异地结算易使一些欠发达地区担心医保基金超支，因此可能在审核批准时设置人为门槛。

六、医疗保险监督管理环节较薄弱

目前，医疗保险经办机构与定点医疗机构主要是合作关系，前者对后者基本无行政管理的权利，从而难以对定点医疗机构提供的医疗保险服务进行管理和监督。加之各个定点医疗机构各自的管理水平参差不齐，且涉及卫生、药监及物价等多个部门，更是加大了对医疗保险进行管理和监督的难度。

第三节　完善安徽医疗保障对策建议

一、严格控制医保基金结余水平

医疗保险基金的筹资应遵循“以收定支、收支平衡、略有节余”的原则，即医保资金不应该有过多结余。如果医保基金长期大量结余，除造成公共资金闲置浪费，削弱对参保者的医疗保障功能外，在管理上和政策方向上也存在着不小的风险，容易被挪用，滋生风险。因此，安徽省必须严格控制医保基金结余水平。首先，安徽省应在通过对职工的个体特征、退休职工的人数、缴费人群的年龄、住院年龄结构、门诊费用等一系列基础数据的收集和分析的基础上，进行精确的估算和科学的安排，在医保筹集与支付之间找到最佳结合点。其次，针对安徽省医保基金结余额过多但保障水平又偏低的问题，建议在提足风险准备金的同时，应采取以下措施：一是应随着经济社会发展进一步提高封顶线水平；二是提高住院医疗费报销比例。同时，均衡职工医保、城乡居民医保的待遇水平，缩小两者之间差距，促进社会公平。此外，可考虑拓宽医疗保险个人账户使用范围。目前安徽省沉淀的医保基金中有三成左右是个人账户资金。而按政策规定个人账户资金只能专款专用，不能共济使用，因此个人账户资金不仅无法发挥保险的分摊风险功能，反而容易因积累额过多造成管理成本大、资金贬值等问题。近年来，全国各地纷纷探索个人账户管理模式改革，主要有三种做法：一是拓展个人账户使用范围和对象，提高使用效率，比如广东、江苏等省的部分地市率先实施个人账户“家庭共济政策”，参保人直系亲属、配偶也可以使用这笔钱去门诊、药店看病购药；二是将个人账户资金用于新的用途，比如广东、上海规定可用于购买商业健康保险；三是投入预防环节，如浙江宁波规定可将个人账户资金用于支付家人购买疫苗的费用等。建议我省可加以借鉴。

二、加大对基层医疗卫生机构的扶持力度

分级诊疗是缓解群众看病难看病贵的根本途径。而分级诊疗推进的关键点在于大力发展基层医疗卫生服务机构。一方面，政府应加大对基层医疗卫生服务机构的财力和政策等方面的支持力度。今后应完善社区卫生服务政策法规，如经费政策、监管政策等；加强社区卫生服务中心硬件环境建设，提高社区卫生服务中心服务水平。另一方面，加强社区卫生服务机构人才队伍建设。在强化卫生服务中心硬件建设的同时，要加强服务人员队伍建设。一是重视吸引人才，通过制定人才优惠政策，鼓励高校毕业生、城市卫生富余人员、离退休高级卫生技术人员到社区卫生服务机构全职或者兼职工作。二是重视人才培养。如可制订全科医护人员培训计划，选拔支持优秀的社区卫生工作人员到上级医疗机构进修学习。三是给予社区卫生服务人员足够的关心和重视。为他们提供优质的工作、学习和生活环境，稳定基层医疗服务水平，最终提高基层医疗机构的服务质量。此外，今后应进一步通过加大政策引导力度、调整患者在不同级别医院报销比例等措施引导患者就近首诊、基层首诊。

三、积极推进医保制度整合和管理部门整合工作

建议在目前大力推进城乡居民基本医疗保险制度整合工作的基础

上，尽快研究城乡居民基本医疗保险制度和城镇职工基本医疗保险制度的管理部门统一问题，将分属于不同部门管理的城镇职工基本医疗保险制度、城乡居民基本医疗保险制度交由一个部门统一管理，实现行政、经办资源的整合。归由一个部门管理后，不仅可以较好地解决个人重复参保、财政重复补助、实现制度公平性等问题，而且可以为进一步的制度并轨打下基础。

四、完善异地就医直接结算配套政策

异地就医直接结算尤其是跨省异地就医直接结算涉及管理体制、标准规范、运行机制等诸多内容，哪一个环节出了问题，都会直接影响整体功能的实现。目前，我省医保基金的统筹层次大部分在地市一级，各地缴费和保障水平不统一，医保药品目录、诊疗、服务设施更是千差万别，这些才是异地就医直接结算无法开通的真正原因。如果只单方面强调医保“漫游”，却没有与相关配套政策形成合力，一旦外地患者大量涌入，必将对本地患者形成“挤出效应”，不仅增加局部地区医保基金的支付压力，也有可能加剧地区之间医疗水平的不平衡。因此，从现阶段的实践来看，由于各统筹地区经济发展水平及医疗资源配置差异性较大，加之异地就医患者群体数量庞大，解决异地就医问题不会一蹴而就。相关部门需要制定更加周详精细的顶层设计，在新的制度安排下，把握好异地就医管理与费用结算、就医地管理和参保地管理之间的关系，化解地方政府、社保部门和参保人员之间的利益冲突，从提高统筹层次、统一标准、服务监管等方面入手，避免过分强调就医和结算的便利性带来的加剧就医人员向医疗发达地区集中的问题，避免影响基本医疗保险制度的长期可持续发展。

五、建立有效的医疗保险监督机制

医疗保险运作中的监督工作，是实现医疗保险制度良性发展的有效保障。为了保证医疗服务的有效利用和医疗保险基金的收支平衡，必须建立一套科学的监督机制，监督医疗服务供方和需方的行为。因此，建议建立独立的医疗保险监管机构，对医疗机构和参保人员同时进行监督。对医疗机构，要监督其各项政策贯彻实施情况，规范其医疗服务行为，保证医保费用合理使用；对患者，要监督规范其就医行为，杜绝冒名住院、小病大养和挂床住院等不良行为。与此同时，也可发挥社会各界的监管作用。

第四章　安徽养老保险发展研究

本章主要通过省际以及地市之间的纵向和横向多层面的比较，尽可能全面真实地呈现安徽省城镇职工基本养老保险制度当下的运行状态，同时也介绍了本省城乡居民社会养老保险制度以及企业年金的基本情况。在此基础上，分析了安徽省社会养老保险发展中存在的问题，并提出进一步改进的建议与对策。

第一节　安徽城镇职工养老保险发展状况

一、城镇职工养老保险基本状况

（一）城镇职工基本养老保险参保率

城镇职工基本养老保险参保率是指参加城镇职工基本养老保险的在岗职工人数与城镇各类从业人数之比。2009—2016 年安徽省城镇职工基本养老保险参保人数及参保率，见表 4－1 所列。

表 4－1　2009—2016 年安徽省城镇职工基本养老保险参保人数及参保率

年份	城镇从业人数（万人）	参加城镇职工基本养老保险人数（万人）	参保率（%）
2009	936.2	458.7	49.0
2010	973.5	492.0	50.5
2011	1038.3	537.7	51.8
2012	1141	578.4	50.7
2013	1226.2	592.2	48.3

（续表）

年份	城镇从业人数（万人）	参加城镇职工基本养老保险人数（万人）	参保率（%）
2014	1277.4	596.9	46.7
2015	1292.1	610.9	47.3
2016	1327.5	634.3	47.8

资源来源：安徽省统计局网站。

从表 4－1 可以看出：近年来，安徽省城镇职工基本养老保险参保率总体呈小幅下降后基本保持平稳的态势。

（二）城镇职工基本养老保险替代率

养老金替代率的基本含义可界定为，退休人员养老金水平与在职职工工资收入水平的比率。城镇职工基本养老保险平均替代率是指全部退休职工的平均养老金与全体在职者的人均工资收入之比。职工个人养老金替代率是指劳动者退休时的养老金领取水平与退休前工资收入水平之间的比率，即：个人养老金替代率＝退休后的退休金/退休前的工资。它是衡量劳动者退休前后生活水平差异的基本指标之一。安徽省连续 12 年提高企业退休人员养老金水平，2011 年企业离退休人员月基本养老金水平达 1360 元，2012 年人均退休金增加 170 元，达到每人每月 1530 元，增长 12.5%[①]。2013 年，企业退休人员养老金继续增加，受益的企业退休人员达 197.5 万人，共新增养老金支出约 36 亿元，调整后月人均养老金水平可超过 1650 元，人均增加养老金 151 元，增长率为 10.1%，其中每人每月普调基本养老金 90 元，其余平均调高的 61 元与个人缴费年限等挂钩，2016 年安徽省企业退休人员养老金增长 7.1%，比全国平均增长率高出 0.6 个百分点。企业退休人员养老金增长速度，基本接近全省的经济发展速度（按可比价格计算 GDP 增长率），因此是比较合理的。2009—2016 年安徽省城镇职工基本养老保险平均养老金及替代率，见表 4－2 所列。

① 2012 年度安徽省人力资源和社会保障事业发展统计公报．

表4－2 2009—2016年安徽省城镇职工基本养老保险平均养老金及替代率

年份	城镇在岗职工平均工资（元/年）	退休职工的平均养老金（元/年）	替代率（%）
2009	29658	13702	46.20
2010	34341	15166	44.16
2011	40640	16708	41.11
2012	46091	19802	42.96
2013	48929	20495	41.89
2014	50894	21396	42.04
2015	55139	23418	42.47
2016	59102	25080	42.44

资源来源：安徽省统计局数据。

从表4－2可以看出：虽然2015年以前安徽省城镇职工平均养老金每年以10％以上的速度在增长，但养老金的替代率呈现波动下降的基本稳定态势。

（三）基金收支及管理

近年来，安徽全省城镇职工基本养老保险收支及结余均呈现递增趋势。总体上看，基金收入大于支出，不存在支付困难，这为进一步调整退休金增长机制奠定了较好的财务基础。2009—2016年安徽省城镇职工基本养老保险情况，见表4－3所列。

表4－3 2009—2016年安徽省城镇职工基本养老保险情况

年份	参保职工年末总人数（万人）	离休、退休退职人员年末人数（万人）	基金收支情况		
			基金收入（万元）	基金支出（万元）	累计结余（万元）
2009	628.15	169.46	2993483	2322008	2805587
2010	669.50	177.50	3416000	2692000	3530000
2011	729.27	191.52	4453374	3199887	4783214
2012	783.76	205.36	5156755	4066624	5940032
2013	811.33	219.12	6052049	4490755	7454218

（续表）

年份	参保职工年末总人数（万人）	离休、退休退职人员年末人数（万人）	基金收支情况		
			基金收入（万元）	基金支出（万元）	累计结余（万元）
2014	829.2	232.3	6807025	5441083	8820160
2015	857.5	246.7	7917525	6313752	10423933
2016	892.2	257.9	8394118	6965752	11852299

资料来源：《安徽统计年鉴（2017）》。

（四）安徽省养老保险制度改革以来养老金调整政策

自2005年开始，安徽省企业退休人员养老金调整方案实行普遍调整和适当倾斜相结合的办法，每年都会调整一次企业退休职工的基本养老金，到今年已经是连续第12年，使退休人员的养老待遇水平逐年稳步提高。2017年安徽省基础养老金的总体调整水平，达到企业和机关事业单位全部退休人员2016年月人均基本养老金水平的6%，也就是人均月增加143元，见表4-4所列。

表4-4　安徽省企业基本养老金调整政策一览表

调整年份	调整对象	调整标准	测算的调高幅度
2017	机关事业单位调整对象为：办理退休手续时机关事业单位在编正式职工；机关事业单位中2016年12月31日前已达到退休年龄（按国家有关规定经批准留任的除外），应当办理但未办理退休手续人员属于调整对象，从办理退休手续次月起执行	定额部分每人每月增加40元；缴费年限每满1年，每人每月增加2元；每人每月增加本人基本养老金水平的1.5%	6%
2016	全省2015年12月31日前已办理退休手续的退休人员	定额部分——每人每月上涨65元；挂钩部分——缴费年限每满1年，每人每月增加2元；倾斜部分——企业高龄退休人员，分年龄段每人每月分别增加140元、180元、260元、330元，机关事业单位高龄退休人员，相应年龄段每人每月分别增加40元、70元、120元、160元	—

（续表）

调整年份	调整对象	调整标准	测算的调高幅度
2015	2014年12月31日前已办理退休（含退职）并按月领取养老金的企业退休人员	每人每月增加125元+（2元×缴费年限）	10.7%
2014	2013年12月31日前已办理退休手续并且按月领取养老金的企业退休人员	每月增加95元+（2元×缴费年限）	—
2013	2012年12月31日前按规定办理退休手续并且按月领取养老金的企业退休人员	每月增加90元+（2元×工龄）	10%
2012	2011年12月31日前按规定办理退休手续并且按月领取养老金的企业退休人员	每月增加100元+（1.5元×工龄）	23%
2011	2010年12月31日前按规定办理退休手续并且按月领取养老金的企业退休人员	每月增加90元+（1.5元×工龄）	—
2010	2009年12月31日前按规定办理退休手续并且按月领取养老金的企业退休人员	每月增加80元+（1.5元×工龄）	—
2009	2008年12月31日前按规定办理退休手续并且按月领取养老金的企业退休人员	每月增加65元+（1.5元×工龄）	10%
2008	2007年12月31日前按规定办理退休手续并且按月领取养老金的企业退休人员	每月增加55元+（1.5元×工龄）	—
2007	2006年12月31日前按规定办理退休手续并且按月领取养老金的企业退休人员	每月增加90元	—
2006	2005年12月31日前已经办理退休手续的企业退休人员	每月增加85元	
2005	2004年12月31日前已经办理退休的人员	每月普遍增加养老金75元	

注："—"表示没有官方数据。

二、各市城镇职工基本养老保险发展情况比较

分地区来看，合肥市参保职工数居首位，163 万人；芜湖市次之，达 52 万多人；池州市最少，11 万余人。从近两年参保人数增长率与领取养老金人数增长率对比来看，普遍情况是后者大于前者，六安市和安庆市的增长率为双负数，淮南市和铜陵市的两个增长率反差较大，表明养老金领取人数增长速度远高于缴纳人数的增速，见表 4－5 所列。

表 4－5　2015—2016 年安徽省各地市城镇职工基本养老保险参保情况

地区	参保人数及其增长率			领取养老金人数及其增长率		
	2016 年（人）	2015 年（人）	增长率（%）	2016 年（人）	2015 年（人）	增长率（%）
合肥市	1634144	1517060	7.72	367872	351367	4.70
淮北市	337151	331484	1.71	88325	83565	5.70
亳州市	156864	146419	7.13	54402	50913	6.85
宿州市	201166	201516	－0.17	81399	76465	6.45
蚌埠市	388551	383867	1.22	161678	156304	3.44
阜阳市	250097	244846	2.14	110475	105840	4.38
淮南市	357112	331432	7.75	174204	143730	21.20
滁州市	326144	324750	0.43	140931	133480	5.58
六安市	203209	230260	－11.75	109197	126177	－13.46
马鞍山市	414837	411709	0.76	204767	195671	4.65
芜湖市	529847	547981	－3.31	276415	268228	3.05
宣城市	325252	304271	6.90	131795	120150	9.69
铜陵市	205078	180815	13.42	85153	68139	24.97
池州市	114585	110318	3.87	40231	37873	6.23
安庆市	419906	432895	－3.00	179992	184502	－2.44
黄山市	147523	150016	－1.66	58013	55528	4.48

资源来源：根据《安徽统计年鉴》整理。

从 2015—2016 年安徽省各市城镇职工养老保险制度赡养率①情况的变化来看，六安市制度赡养率最高，2016 年达到 0.54，意味着不到两个人缴费养一个退休人员，养老负担非常重。从制度赡养率的变化情况来看，与 2015 年相比变化不大，见表 4－6 所列。

表 4－6 2015—2016 年安徽省各市城镇职工养老保险制度赡养率

地区	制度赡养率			地区	制度赡养率		
	2016 年	2015 年	变化情况		2016 年	2015 年	变化情况
合肥市	0.23	0.23	基本持平	六安市	0.54	0.55	下降
淮北市	0.26	0.25	上升	马鞍山市	0.49	0.48	上升
亳州市	0.35	0.35	基本持平	芜湖市	0.52	0.49	上升
宿州市	0.40	0.38	上升	宣城市	0.41	0.39	上升
蚌埠市	0.42	0.41	上升	铜陵市	0.42	0.38	上升
阜阳市	0.44	0.43	上升	池州市	0.35	0.34	上升
淮南市	0.49	0.43	上升幅度较大	安庆市	0.43	0.43	基本持平
滁州市	0.43	0.41	上升	黄山市	0.39	0.37	上升

三、安徽城镇职工基本养老保险发展状况的省际比较

（一）与全国的历年比较

将安徽省职工基本养老保险基金收入、基金支出、累积结余及其增长率与全国其他省市进行比较发现，2013 年，安徽省城镇职工参加基本养老保险参保人数 811.3 万人，位列全国第 15 名，基金收入、支出和累计结余，分别位列全国 32 个省市及自治区的第 16、17、15 名，基本处于中间位置。2014 年，参保人数位列各省第 13 名，基金收入、支出位次排列与 2013 年相比基本差不多，累积结余位次提高到第 12 位，位次上升表明安徽情况与其他省份相比，收支情况趋于好转；2015 年安徽省城镇职工参加基本养老保险职工人数 610.9 万人，位列第 17 名，但领取养老金人数位列第 15 名，基金收入位列第 14 名，基金支出位列第 18 名，收支缺口压力较小。

① 制度赡养率是指参保的离退休人数占参保职工人数的比例。

安徽省与全国平均数据相比，近年来在参保人数、基金收入、基金支出、累计结余各项指标的增长率对比情况，见表 4 - 7 所列。

表 4 - 7 2012—2016 年安徽省与全国平均增长率情况比较 单位：%

年份	参保职工增长率		退休人数增长率		基金收入增长率		基金支出增长率		累计结余增长率	
	安徽	全国	安徽	全国	安徽	全国	安徽	全国	安徽	全国
2012	7.56	6.57	7.22	9.07	10.66	21.25	18.96	25.06	23.20	26.61
2013	2.39	5.20	6.70	7.99	22.92	13.30	17.96	18.59	26.49	19.17
2014	0.79	5.60	6.03	6.86	8.92	11.67	16.06	17.70	18.32	13.97
2015	2.34	2.69	6.16	6.39	16.31	16.57	16.04	19.74	18.18	12.04
2016	3.84	6.13	4.57	10.51	6.02	8.89	10.33	14.05	13.70	−3.40

资料来源：历年安徽省统计公报、人力资源和社会保障部统计公报。

从表 4 - 7 可以看出，累计结余情况，安徽省要好于全国平均水平。

（二）与中部省份比较

根据统计数据整理发现，在中部 6 个省份中，2015 年末安徽省城镇职工基本养老保险累积结余规模及其增速分别位列第 2、第 1 位，基金支出规模及其增速分别位列第 5、第 3 位，见表 4 - 8 所列。

表 4 - 8 安徽省城镇职工基本养老保险与中部省份比较（2015 年）

地区	累积结余（亿元）	累积结余增速（%）	基金支出（亿元）	基金支出增速（%）
山西	1264.4	2.56	657	18.18
安徽	1042.4	18.18	605.5	16.46
江西	498.9	15.90	537.1	20.82
河南	997.5	7.11	961	15.68
湖北	850.4	3.51	1103.6	16.10
湖南	939.3	6.91	849.4	16.29

资料来源：国家统计局网站。

第二节 安徽城乡居民养老保险发展状况

安徽省自 2009 年开始新农保试点工作，2011 年开始城居保试点，并逐步扩大政策覆盖面，2012 年底实现了城乡居民养老保险制度全覆盖，这标志着安徽省覆盖城乡居民的社会养老保险制度已经建立，目前安徽省 105 个县（市、区）已全面实施城乡居民社会养老保险。另外，2012 年 3 月，安徽省人口计生委、人社厅联合制定了《安徽省城乡居民社会养老保险优待计生家庭政策实施办法》，其宗旨是对落实了计划生育措施的城乡家庭，在养老保险缴费和领取养老金方面给予优惠。2012 年 12 月，安徽省计生委颁发了《城乡居民社会养老保险优待计生家庭政策落实工作的通知》：各县（市、区）对城乡独生子女领证户和农村双女绝育户夫妇参保的政府补贴标准，要在其个人选择缴费档次应享受补贴金额的基础上，每人每年另外增加不少于 30 元；计划生育家庭特别扶助对象等特殊困难群体，按照最低缴费标准为其代缴全部养老保险费，同时享受政府补贴优待政策；有条件的村集体对农村独生子女户和双女户夫妇参保给予适当补助；没有明确具体政策的，要在 2012 年内制定具体政策，并报省人社厅、省人口计生委备案，至 2014 年已全面兑现。

一、安徽城乡居民社会养老保险实施现况

安徽省各地在开展城乡居民养老保险中坚持“保基本、广覆盖、有弹性、可持续”的基本原则，从城乡居民的实际情况出发，低水平起步，筹资标准设定从每人每年 100 元到 2000 元不同档次，由居民自愿选择，政府通过补贴引导城乡居民普遍参保，补贴从每年 30 元到 80 元不等，缴费多补贴多。2015 年，城乡居民养老保险待遇每月由 55 元提高到 70 元，提高幅度为 27.3%。

截至 2014 年末，全省共有 3337 万人参加了城乡居民养老保险，

其中872万人领取了养老金，符合待遇领取条件的人员养老金发放率达100%，城乡居民养老保险制度实现全覆盖。2012年城乡居民养老保险基金正式纳入了预算管理，预算收入93.86亿元，其中征缴收入32.3亿元、财政补贴60.9亿元。实际收入97.93亿元，超预算4.07亿元，其中，征缴收入35.19亿元、超预算2.89亿元，财政补贴61.66亿元，超预算0.76亿元。预算支出53.52亿元，实际支出53.59亿元，当期结余44.33亿元，累计结余86.6亿元[①]。2013—2015年城乡居民养老保险各项指标及其变化情况，见表4-9所列。

表4-9　2013—2015年安徽省城乡居民养老保险各项指标及其变化情况

单位：万人、万元、%

指　标	2013年	2014年	2015年	2014年增长率	2015年增长率
参保人数	3309	3337	3397	0.85	1.78
年末领取养老金人数	840	872	895	3.81	2.65
本年基金收入	1074085	1092738	1395616	1.74	27.72
个人缴费	358099	337500	338859	−5.75	0.40
集体补助	235	131	34	−44.26	−74.05
政府补贴	679321	716032	1018734	5.40	42.27
利息收入	—	32509	30684	—	−5.61
其他收入	—	—	4306		—
转移收入	—	6566	2999	—	−54.33
本年基金支出	633687	653019	956987	3.05	46.55
养老金支出	617191	643607	943815	4.28	46.64
其他支出	—	1702	12036	—	607.17
转移支出	—	7710	1136	—	−85.27
年末基金滚存结余	1296446	1767491	2206120	36.33	24.82

资料来源：安徽省统计年鉴。“—”表示无官方数据。自2014年起，对城乡居民基本养老保险情况相关指标进行微调。

① 2012年度安徽省人力资源和社会保障事业发展统计公报。

根据表 4－9 的数据信息，可以看出集体补助迅速下降，个人缴费也略有下降，政府补贴在增加，领取养老金的人数和养老金支出都在增加。2013 年，政府补贴是个人缴费的 1.897 倍，2014 年，政府补贴是个人缴费的倍数增加到 2.122 倍，财政出资要占到 2/3 以上，2015 年政府补贴大幅增加，可见城乡居民养老保险的可持续性已离不开政府的强力支持。

二、安徽实施城乡居民社会养老保险取得的成效

（一）城乡居民养老境况得到显著改善

在城乡居民社会养老保险制度实施之前，安徽省农村地区实行的“老农保”制度长期处于停滞状态，广大农村地区的老年人被排斥在整个养老保险体系之外。伴随着家庭结构小型化和土地保障功能弱化，农村地区老年人的养老需求与家庭养老供给的矛盾日益突出，特别是一些偏远落后地区，随着青壮年劳动力进城务工，空巢老人、孤寡老人、病残老人的养老处境更加堪忧，甚至个别地方出现了“弃老”现象。在城镇，一些无业、伤残、病弱的老年居民由于未能参加企业职工养老保险，没有养老金，有些仅靠领取城镇“低保金”生活，养老境况同样堪忧。城乡居民社会养老保险的实施，就像在城镇和农村地区铺开了一张养老保障网，通过引导城乡居民参加养老保险，以城乡居民缴费积累，政府补贴和基础养老金发放的方式，为其提供了一道养老安全防护网，让城乡居民由“家庭养老”向“社会养老”转变迈出了实质性一步。随着基础养老金水平的逐渐提高，个人缴费和财政补贴的不断积累，未来的城乡居民养老境况将会得到显著的改善。

（二）组织得力，服务到位

安徽省在组织实施城乡居民养老保险过程中，各试点县（市、区）及时召开动员大会，组织各种人力、物力，创新宣传方式和宣传渠道，通过网络媒体、电视、报纸、印发宣传册、横幅标语、论坛讲座互动等方式，积极宣传和贯彻城乡居民养老保险政策，营造良好的舆论氛围。如马鞍山市充分利用外出农民工返乡过春节、参加春耕秋收的良好时机，组织乡村干部进村入户开展上门宣传，提高政策知晓度；通

过利用电视媒体的大面积覆盖传播效应，在电视台播放城乡居民养老保险公益广告宣传片，在滚动栏播放城乡居民社会养老保险宣传标语等方式，提高政策宣传的覆盖率；通过联合通信公司向本地手机号发送宣传短信，累计发送短信30余万条，在各镇人流密集处设立咨询台接受居民咨询，累计发放宣传材料15万余份，为城乡居民养老保险参保工作营造出强大的舆论氛围。再比如滁州市各级党委、政府把城乡居民养老保险作为重要的民生工程来抓。市委市政府把城乡居民养老保险工作纳入县域经济考核的重点考核目标，各县（市、区）将参保工作纳入县（镇、村）三级干部目标考核，形成“多渠道、广角度、深层次、全覆盖”的“立体式”宣传格局，惠民政策深入民心，调动了广大城乡居民参保积极性。目前我省城乡居民积极参加养老保险的氛围已基本形成，参保率和续保率实现了“双高”。

对于城乡居民社会养老保险制度运行而言，机构建设是载体也是平台。通过机构建设，可以让城乡居民社会养老保险更好地运作，也可以让城乡参保居民得到更好的养老保险服务。安徽省城乡居民社会养老保险制度通过在各县（市、区）成立城乡居民养老保险工作领导小组，加大政府财政投入，注重基础平台建设和经办管理机构建设，不仅实现了机构、人员、经费、办公场地设施的“四到位”，而且形成上下部门联动、城乡部门联动、平级部门合作的领导和工作机制，机构建设进一步加强，机构功能进一步完善。各地通过对经办人员的各种业务能力进行培训，建立目标考核责任制、领导干部联系点制度和督查巡视制度，提高了经办人员的经办能力和服务意识，如滁州以金保工程建设为契机，积极搭建和完善经办服务平台，连通省、市、县、乡四级网络，实现网上经办业务。广大城乡居民足不出村，就能办理参保、缴费、待遇领取等手续。大力推行银行代扣代缴，实行全程代理服务，实现参保登记、个人缴费、权益查询、待遇领取“四个不出村”。

（三）省内各市城乡居民基本实现全覆盖

2015年安徽省城乡居民养老保险参保人数达3396.6万人。2011年我省进行了城镇居民养老保险试点工作，2012年以后城乡居民社会养老保险参保率大幅度上升，2013、2014、2015年基本稳定。2013—

2015 年安徽省各市城乡居民养老保险参保情况，见表 4－10 所列。

表 4－10 2013—2015 年安徽省各市城乡居民养老保险参保情况

单位：万人

地区	2013 年	2014 年	2015 年	地区	2013 年	2014 年	2015 年
合肥市	288.63	291.31	301	六安市①	95.78	99.47	105.5
淮北市	72.8	72.7	75.8	马鞍山市②	101.18	99.74	96.47
亳州市	335.7	338.7	331.7	芜湖市	162.64	162.8	159.83
宿州市	331.49	333.09	348.73	宣城市	—	—	—
蚌埠市	165.14	175.52	174.8	铜陵市	20.20	20.67	21.28
阜阳市	480.6	488.6	474.8③	池州市	81.57	87.91	86.39
淮南市	76.6	76.24	75.1	安庆市	331.34	335.1	105.5④
滁州市	245.93	246.61	237.61	黄山市	79.4	81.24	—

资料来源：http://www.ahtjj.gov.cn/tjj/web/list.jsp? strColId=13787135248258180&_index=1 安徽省各市 2013—2015 年国民经济和社会发展统计公报。

第三节　安徽企业年金发展状况

一、全国企业年金基本情况

企业年金，又称企业退休金或雇主年金，是指在政府强制实施的公共养老金或国家养老金制度之外，企业在国家政策的指导下，根据自身经济实力和经济状况自愿建立的，为本企业职工提供一定程度退休收入保障的补充性养老金制度。企业（职业）年金是我国多层次养老保险制度体系的第二支柱，是职工基本养老保险的有益补充。为推动企业年金的发展，原劳动和社会保障部颁布了《企业年金试行办法》

① 发放养老金人数。

② 农村参保人数。

③ 农村参保人数。

④ 发放养老金人数。

（劳动和社会保障部令第 20 号），并出台了一系列配套规章政策予以支持。比如，国家有关政策规定自 2008 年 1 月 1 日起，企业为其员工支付的企业年金费用，不超过职工工资总额的 5％标准内的部分，准予在企业所得税前扣除。对参加企业年金的职工来说，自 2014 年 1 月 1 日起，实施企业年金个人所得税递延纳税优惠政策。

从全国的企业年金发展状况来看，根据人社部在 2017 年 3 月 31 日公布的 2016 年企业年金数据显示[①]，2016 年全国企业年金积累基金 11074.62 亿元，同比增长 16.26％。增速创 2011 年以来新低，仅高于 2010 年 10.9％的增速水平，远低于 2008 年以来 24.9％的平均增速。企业年金在经过十余年的发展之后，积累基金规模首次冲破了万亿元大关。从参与企业年金的企业数及职工数来看，仅有微幅增长。2016 年参保企业数 76300 个，参保职工数 2325 万人，分别同比增长 1.06％和 0.39％。

企业年金的近两年发展陷入了停滞阶段，特别是从企业年金的参保职工数来看，2015 年出现断崖式下滑，2016 年几乎没有增长，创造近十年来的最低增速点。从参保企业数来看也是同样的现象。可见，2016 年企业年金基金规模的增长主要来自存量企业的新增缴费。从企业年金地区分布来看，2016 年企业年金资产过百亿元的省份除北京市、山西省及安徽省以外，其余均为沿海省份；前 10 名依次为上海市、北京市、江苏省、广东省、山东省、浙江省、山西省、安徽省、福建省，各省呈现发展不平衡的现象。

根据中国社会科学院发布的《中国养老金发展报告 2016》[②]，2015 年企业年金缴费金额 1343.17 亿元，仅占全国各类养老金的 3.45％；基本养老保险基金收入 32202.19 亿元，占比 82.67％。与此同时，企业年金待遇领取 260.57 亿元，仅占养老金支出的 0.9％，而基本养老保险基金占比 97.02％。作为基本养老保险重要补充的企业年金发展

---

① 丘山石．数说：2016 年企业年金规模破万亿增速放缓、收益新低［EB/OL］．（2017－04－18）［2017－12－28］

② 养老保险基金运行不乐观，企业年金四分之三缴费额来自国企［EB/OL］（2016－12－28）［2017－12－28］

相对滞后，难以发挥第二支柱应有的作用。2015 年，参与企业年金的企业数和职工人数增幅分别仅为 2.94%和 1.01%，创下历史新低。参加企业年金的 75454 家企业，占企业总数的 0.35%，覆盖职工 2316 万人，职工参与率仅有 5.73%；积累基金 9526 亿元，占 GDP 的 1.41%。其中，企业年金 3/4 的缴费额来自国有企业，中小企业为主的民营企业占比很小，多年来参与的企业户数、职工人数及基金规模均没有根本变化。从行业分布来看，参加企业年金的行业多集中在能源、电力、金融等垄断型、资源型或盈利性较好的领域。此外，企业年金的发展还呈现出很强的区域性特点。无论是基金规模还是增长速度，都有从东到西递减的梯度结构特点。报告显示，全国职工账户数超过百万人的仅有北京、上海两地，广东省有 721733 人，而如广西壮族自治区，仅有 154625 人。

二、安徽企业年金情况

2010 年，我省企业年金市场继续保持了稳步、健康发展的良好势头。据统计，截至 2010 年末，全省共有 12 家企业年金受托管理机构受托管理建立年金企业 217 家，参保职工 419546 人，建立个人账户 430781 个，分别比上年度增加 24%、1%和 3.7%。全年享受企业年金待遇人数共 11235 人，支付年金基金 51525 万元。企业年金净资产规模由年初的 76.3 亿元增加到年末的 96.4 亿元，当年增幅达 26.3%。2014 年，安徽省为员工交纳企业年金的企业约 10%。

总体上说，安徽省企业年金的基本特征与全国类似，比如主要以大型国有企业为主体，中小企业占比极小，参与人数比例较低，等等。2014—2016 年安徽省企业年金缴纳情况，见表 4 - 11 所列。

表 4 - 11　2014—2016 年安徽省企业年金缴纳情况

年度	企业账户数（个）	职工账户数（人）	资产金额（万元）
2014	970	485285	1882543.40
2015	1002	473632	2280474.75
2016	1078	492352	2412704.58

资料来源：历年《全国企业年金业务数据摘要》。

2016年，安徽省企业年金资产为241亿元左右，在规模上处于全国各地区的第16位，属于千户以上企业建立企业年金账户的地区之一，发展情况较好。

第四节　安徽养老保险发展中的主要问题与对策

一、安徽养老保险呈现出的主要问题

（一）企业职工养老保险费征缴基数不规范现象普遍存在

资金充足是提高养老待遇水平的前提和基础，从养老保险费的征缴效率来看，瞒报缴费基数等偷逃费款现象非常普遍，粗略测算目前实际的缴费率只有制度规定费率的六成左右，实现费款的足额征缴还有待征管水平的提高，调动基层政府部门征管的积极性。安徽省企业退休人员基本养老金的增长速度，愈来愈低于在岗职工的平均工资增长速度，在岗职工工资和退休人员基本养老金差距不断拉大。从2005年到2016年，安徽省企业退休人员基本养老金连续增长，虽然退休金年年都在上涨，而且每年增长率在10%以上，但企业退休人员养老金替代率却呈现下降趋势，但职工养老金水平总体偏低，而且在多数年份养老金替代率出现了下降情况，已接近40%的警戒线。要保证替代率不下降，最有效的办法是建立养老金的合理增长机制，保持养老金适当的调整幅度，并提高筹资效率。

（二）城乡居民养老保险难以实现真正的“老有所养”

安徽省在实施城乡居民社会养老保险过程中，遵循“低水平、广覆盖、有弹性、可持续”的原则，虽然短期内实现制度运行的全覆盖，但由于保障水平较低，难以实现真正的“老有所养”。2014年城乡居民月人均养老金63元，农村居民人均生活消费支出7981元，养老金只能占到生活费支出的9.5%左右，2015年虽然月基础养老金提高至70元仍属于较低水平。就个人账户而言，目前参加城乡居民养老保险的人群，一般选择的缴费档次较低，即使缴满15年以上也难以积累更

多的资金。就个人缴费财政补贴而言，目前全省各地普遍人均一年补贴 30～80 元，15 年补贴也就是 450～1200 元。因此，可以肯定，个人账户养老金也非常有限，目前看来城乡居民养老金难以实现真正的老有所养。

（三）财政压力较大

2011 年，全省城镇职工养老保险财政补贴为 87 亿元；2012 年，全省城镇职工养老保险财政补贴为 88.89 亿元；2014 年，根据城镇职工养老保险基金收入 680.7 亿元，其中征缴收入 495.0 亿元，推算财政补贴在百亿元左右。不少地市入不敷出，比如，2014 年阜阳市城镇职工养老保险，实征基金 16.3 亿元，发放基金 21.6 亿元，收支存在 5 亿多元的缺口，只能依靠财政补贴养老金才能全额发放。至于城乡居民养老保险，2013 年城乡居民养老保险财政补贴达 67.9 亿元；2014 年增加 5.4%，达到 71.6 亿元；2015 年因待遇水平提高使财政补贴增长率陡增 42.27%，而且城乡居民养老保险筹资来源的 2/3 以上由财政承担。随着人口老龄化的加重，新参保人数的增长速度可能会慢于领取养老金的人数的增加速度，比如，2014 年，安庆市城乡居民养老保险领取养老金人数的增加速度是新参保人数增速的近 3 倍。这必然要求财政补贴力度继续加大，而且未来的经济新常态可能会导致财政收入下降。在这些因素的综合作用下，未来社会养老保险的财政压力应该比较大。

（四）企业年金对养老保障的提升作用有限

企业年金，作为养老依靠的第二支柱，目前来看企业年金在整个养老保障体系中的作用基本缺失。参与率低、覆盖面小成为阻碍企业年金发展的主要问题。我国 2004 年开始实施企业年金制度，但十余年过去覆盖率仍然较低，发展缓慢，截至 2015 年底，建立企业年金计划的企业不到 1%，参加人数达不到基本养老保险人数的 10%[①]。参与率过低，企业年金在整个养老保障架构中必然无足轻重，与基本养老保险相比，企业年金的保障水平整体很低，在行业和地区之间分布严重

① 郑秉文．中国养老金发展报告 2016［M］．北京：经济管理出版社，2016.

不均，而且将中小企业基本排除在外，企业年金对退休人员的养老保障提升作用十分有限。

二、对策建议

（一）全面提高城镇职工养老保险管理水平

1. 规范缴费基数提高征缴效率

现行城镇职工基本养老保险制度，按照缴费条件可以将参保人员分为职工和灵活就业者两类，二者社会统筹账户缴费率分别规定为20%和12%。在执行过程中，管理机构往往每年制定一个最低缴费基数，所有参保者都可以按照这个标准履行缴费义务，参保状态与就业状态脱离联系，导致最低缴费基数适用人群的滥用，使得养老保险的社会互济功能难以发挥作用。要解决管理部门难以克服精确跟踪参保者实时状态的难题，实时监控个体的参保身份变更与实际就业状态是否相符，提高管理水平，有必要考虑借助现代信息技术和制度措施，比如统一职工和灵活就业者的缴费率等。

2. 提高统筹层次

2013年，十八届三中全会《决定》提出要“实现基础养老金全国统筹”，2015年10月召开的十八届五中全会，明确提出到2020年职工基础养老金要实现全国统筹。实现全国统筹的前提是省级统筹必须严格、充分实现。人力资源和社会保障部发布《2012年度人力资源和社会保障事业发展统计公报》，其中提到全国31个省市和新疆生产建设兵团已建立养老保险省级统筹制度。实际上，国际和国内学术界公认的省级统筹的标准只有一个——养老保险缴费资金流的收入、支出、核算、管理、调剂的层级集中在省一级，在省一级进行统收统支，其他任何标准都不算数。按照这个标准，目前只有北京、上海、天津、陕西是真正省级统筹的[①]，即其他省市，包括安徽省都不属于省级统筹。目前安徽省养老保险还停留在市县级统筹层面，应该在省级统筹方面进一步思考，把工作做扎实。实现养老保险省级统筹，由省一级

① 郭晋晖．专家解释养老金难实现省级统筹：上级政府推诿［N］．第一财经日报．2013-06-21.

有关政府部门对养老保险统一管理，在省一级范围内统一征集、统一调剂费用，并统一计算基数与缴费比例，可以大大提高管理效率，避免由于统筹层次低带来的基金管理分散、调剂力度小、抗风险能力弱，以致难以更好地发挥社会保险“社会共济”功能，而且也带来了社会保险关系转移接续难等方面的问题。

（二）稳步提高城乡居民养老保险待遇水平

过去四年，安徽省主要是致力于制度建设，填补了城乡居民养老保险制度空白，下一步应该更加注重建立科学合理的养老金水平调整机制，确保城乡居民社会养老保险待遇，能够随着经济发展水平和物价水平等因素的变动而适当调整，使基本生活水平得到保障。

一方面，要加大对个人缴费的补贴力度，通过补贴引导城乡居民早缴费、多缴费、长缴费，增加个人账户积累，以保证将来得到更高水平的养老保障。目前，安徽省各地实施的城乡居民养老保险缴费档次不同，主要缴费档次为 100 元、200 元、300 元、400 元、500 元、600 元、700 元、800 元、900 元、1000 元十个档次。缴费档次最高的地区最高缴费达 2000 元。2015 年安徽省年人均缴费额为 148 元，可见缴费档次选择较低。要完善参保激励机制，提升缴费档次。如马鞍山采取按参保金额 25%的比例进行补贴，合肥采取多缴多补、最高补贴每年 80 元的政策，鼓励居民选择较高的缴费档次。另外还可以采取长缴多补政策，如云南、广东两省规定了长缴多补制度。云南省 91 个县制定了长缴多补制度，普洱市 9 个试点县规定，从参保人员缴费第 16 年起，每年给予 120 元缴费补贴。广东省新兴县规定，对缴费超过 15 年的参保人，每人每年增加缴费补贴 50 元。鼓励城乡居民选择较高的缴费档次、多缴费，可以实现参保人年老后领取的养老金能基本满足基本养老需求。

另一方面，要加大对农村居民养老保险的转移性支付，从责任政府角度考虑，宁肯少上几个项目，也要确保对城乡居民社会养老保险制度的投入。2009 年农村养老保险制度实施以后，基础养老金额几年未调整，加上农村居民收入增加较快，使得农村居民养老金保险的替代率下降较快。虽然安徽省财政农村居民的转移性支付年年有所提高，但是与城镇居民相比还是较低，统计数据显示农村居民人均得到的财政转移收入只有城镇居民的 1/3 左右。所以，今后省财政应该加大对农村居民养老保险的支持力度，尤其要对经济相对落后的地区给予更大的支持，以提高农村老年人的生活保障水平，通过社会保障水平的稳步提高使农村居民分享经济发展的成果。

另外，加强管理，提高统筹管理层次，防止资金流失，也有利于提高抵御基金支付风险的能力。安徽省目前运行的城乡居民养老保险制度，由安徽省城乡居民领导小组统一领导，但是在具体的政策制定上，仍然是以各县（市、区）为单位独立运行，统筹层次不高。为了提高管理效率，最好将全省城乡居民养老保险进行统一管理。

（三）改进财政对养老保险的支持方式并适度控制规模

1. 合理控制待遇标准

2005 年以来，城镇职工平均养老金每年以 10%以上的速度上调，但养老金的替代率呈现出下降波动的趋势。城镇职工基本养老保险的替代率下降的原因是近几年我省城镇职工工资增长速度高于养老金的增长速度。由于财政对养老保险负有兜底责任，各项养老保险待遇水平不断提高的同时，财政补贴不得不随之增加，财政的养老负担不断加重。鉴于目前的国情和省情，社会养老保险待遇还是应该坚持广覆盖、保基本的原则，保障标准要与当地经济社会发展水平相适应，也要与财政承受能力相适应，不宜盲目大幅度或过快提高待遇标准。

2. 改进城乡居民养老保险的财政补贴方式

为鼓励城乡居民参保，地方政府采取的措施是个人缴费档次越高，财政给予的补贴也越高，一起计入个人账户。农民个人选择缴费标准主要取决于收入状况。一般来说，收入高的农民选择缴费档次较高，收入低的农民选择缴费档次较低，地方财政对缴费档次高的多补贴，客观上造成了对收入高的农民补贴多，对收入少的农民补贴少，而往往收入低、缴费能力差的农民对社会养老保险需求更大，更需要得到国家的补贴。这样，就出现了“逆向”补贴现象，即政府的补贴没有用到最贫困的人群中去，没有发挥出财政资金最好的社会公平效益，从公平的角度来看有所缺失。改进的对策可以调整财政补贴的环节结构，地方财政从补“进口（即缴费环节）”为主到适当分配“进口”和“出口（即领取环节）”的补贴比例。补“出口”可以对本地区上一年人均纯收入低于一定标准的困难人群在其领取养老金时，在普惠式的养老金标准基础上，财政给予更高标准的补贴。这样，可以兼顾公平与效率。

3. 加强基金监督管理

由于财政对于养老金负有不可推卸的托底责任，是最后的责任方，加强基金监督管理也是降低财政风险的必要措施。在养老金的收支过程中，应严格审查以禁止任何人、任何机构滥用、挪用基金，防止虚列支出、转移资金、欺诈冒领等违法违规问题的发生。对于基金是否纳入财政专户，实行收支两条线管理，收入户、支出户和财政专户开设是否符合规定，以及基金是否专款专用，单独记账、单独核算，核算是否准确；基金收支、结余、存储及保值增值情况，是否存在违规投资运营行为等进行严格管理。要依法加强对基金的监督管理，要对各级财政应承担的补助资金及为困难群体代缴的保费是否及时、足额拨付到位；要对基金支付项目和支付标准是否符合规定；是否及时足额为符合领取条件的60岁以上老人发放了养老金；待遇领取人员生存状况认证开展是否正常等，都要严格管理。

（四）鼓励中小微企业建立企业年金制度

企业年金比例极低，建立企业年金制度参与门槛较高是一个重要原因。根据现行《企业年金试行办法》，建立年金计划的企业需要满足三个基本条件：一是依法参加基本养老保险并按时足额缴费；二是已建立集体协商机制，民主管理制度比较健全；三是企业要有盈利。其中，第三条对中小企业要求较为苛刻，它要求企业建立企业年金前1年无亏损，前3年必须有两年无亏损且该3年总体无亏损。事实上，许多中小企业生命周期较短，经济实力较弱，获利能力不强，现金流缺乏，流动性较强，基本满足不了这个条件；此外，近年来中国经济运行下行压力更是不断加大，也对中小企业加入年金制度构成阻碍，在经济效益不好、用工成本较高的情况下，中小微企业负担很重，而且基本养老保险对企业年金也有一定的“挤出效应”；因此企业参与年金动力不足，激发中小企业参与活力是关键。一方面需要从企业年金制度上松绑，考虑打破“高门槛”；另一方面，要考虑给予更大幅度的税收优惠政策，同时应适度降低基本养老保险的统筹账户缴费率，减少其对企业年金的“挤出效应”。

第五章　安徽长期护理保险发展研究

安徽省已经进入人口老龄化和高龄化时代。截至 2016 年底，安徽省 60 周岁以上老年人口为 1102.20 万人，占全省总人口的比重为 17.80%，其中 65 周岁以上老年人口为 743.50 万人，占全省总人口的比重为 12.00%（安徽省统计局，2017）。随着年龄的增长，老年人各项身体机能和免疫能力都有着不同程度的下降，患病风险也不断加大，医疗护理费用的高涨使得多数家庭面临着沉重的经济负担。为了减轻家庭和社会的养老负担，我国开始了长期护理保险制度的试点工作。全国共有 14 个省份、共计 15 个城市，开展试点工作。安庆市作为安徽省唯一被选取的国家级试点城市，计划将用两年左右的时间，探索为长期失能人员提供基本生活照料和医疗护理等保障的社会保险制度。长期护理保险是适应我国老龄化社会发展趋势的保险产品，在我国的市场需求非常大，对于解决老年人的长期照料问题、缓解家庭经济压力和国家财政压力、完善我国的社会保障体系、促进养老产业的发展有重大意义。

第一节　安徽长期护理保险的发展现状分析

一、安徽长期护理保险的发展背景

（一）人口环境

第一，安徽省家庭结构发生转变。随着社会经济的不断发展，传统的家庭观念已经发生了改变，尤其是我国多年来计划生育政策的实施，导致安徽省家庭户均人口数发生了大转变。安徽省家庭结构开始趋向于小型化，这必将导致家庭护理的功能减弱。从表 5 - 1 可以看出，从 2006 年到 2014 年，安徽省三人户家庭户户数和四人户家庭户户数的数量不断下降，而一人户家庭户户数和二人户家庭户户数的数量则有所上升。2006 年安徽省三人户家庭户户数和四人户家庭户户数分别为 5474 户和 3866 户，到了 2014 年，三人户家庭户户数和四人户家庭户户数已经下降至 4384 户和 2785 户。家庭结构上由传统的大家庭向独生子女家庭转变，使得我国传统的家庭护理模式受到了严峻的挑战，以家庭护理为依托的传统护理模式必将逐步向以机构养老为中心的护理模式转变。

表 5 - 1 2006—2014 年安徽省家庭户均人口数

家庭户户数 年份	一人户家庭户户数	二人户家庭户户数	三人户家庭户户数	四人户家庭户户数
2006	1854	4459	5474	3866
2007	1816	4827	5568	4067
2008	1890	4654	5471	4009
2009	2181	4475	5036	3710
2011	2078	4402	4749	2940
2012	2055	4062	4523	2928
2013	2014	4181	4428	2967
2014	1896	3996	4385	2785

资料来源：历年《中国统计年鉴》。

第二，安徽省人口老龄化程度加重。截至 2016 年底，安徽省 60 周岁以上老年人口为 1102.20 万人，占全省总人口的比重为 17.80%，其中 65 周岁以上老年人口为 743.50 万人，占全省总人口的比重为 12.00%。人口的老龄化必然导致市场对于老年人长期护理的大量需求。由图 5 - 1 可以看出，2006—2015 年安徽省老年人口抚养比先是稳定上升，之后开始下降，在 2012 年降至最低水平，最后又成直线式上升。老年人口抚养比总体上由 2006 年的 14.93%上升至 2015 年的 15.72%。这说明劳动力人均承担的抚养人数越来越多，家庭养老的负担也在不断加重。图 5 - 2 为安徽省未来老年人口占全省人口的预计比重，可以看出安徽省未来老龄人口比重呈直线上升的趋势，表明安徽省的老龄化速度逐渐加快，程度上也在逐渐加深。

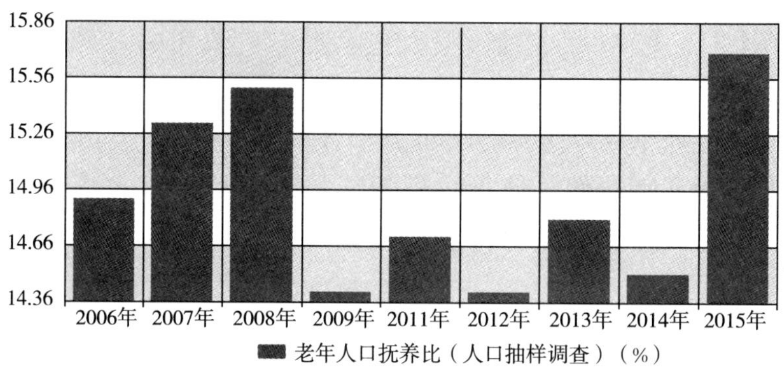

图 5-1 2006—2015 年安徽省老年人口抚养比

资料来源：历年《中国统计年鉴》。

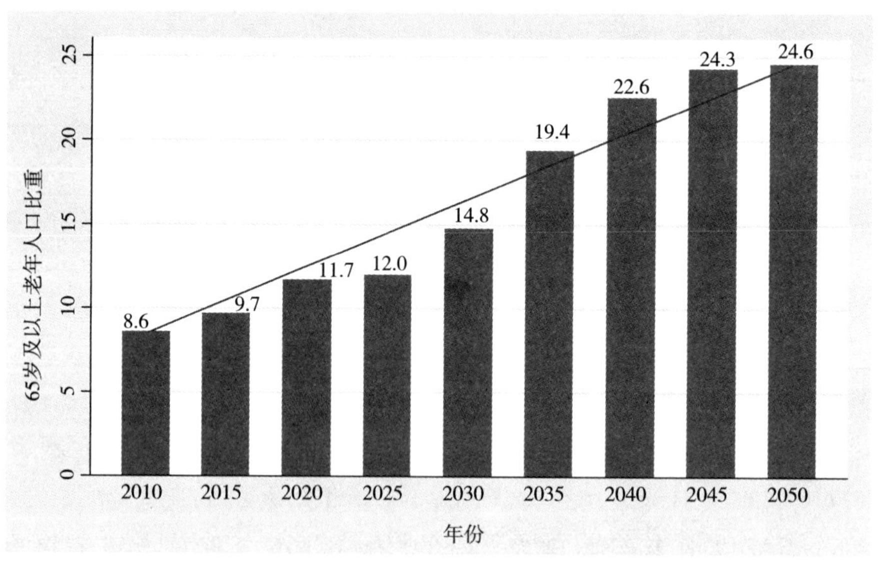

图 5-2 安徽省未来老年人口占全省人口的预计比重

资料来源：安徽省老龄委办公室。

（二）社会环境

第一，家庭护理功能不断弱化。进入 21 世纪以来，安徽省经济发展水平不断提高，人口迁移流动速度较快，尤其是国家计划生育政策的实施，“养儿防老”的家庭传统思想观念已经发生了转变，家庭人均数也越来越少。安徽省 1982 年的家庭人均数为 4.6 人，1990 年为 4.1 人，2000 年为 3.5 人，2010 年为 3.0 人（安徽省统计局，2010）。截至 2015 年底，安徽省每户家庭人口已降为 2.55 人，低于全国家庭户规模 3.02 人（安徽省卫计委，2016）。家庭结构的变化往往会引起家庭居住模式的改变，与子女同住的老年人比例在不断下降；与之相反的是，单独居住、与配偶居住、机构居住的老年人比例则在不断上升。此外，生活压力的不断加重、女性就业率的提高、老年人抚养比的上升等都会导致家庭成员没有足够的时间和精力对老年人进行长期悉心的照料。

第二，老年人医疗护理费用的不断上升。随着安徽省老年化过程的加剧，居民医疗保健开支占经济总值的百分比也在不断上升。2016 年，安徽省居民医疗保健费用支出比上年上涨 3.6%，其中城市居民医疗保健费用支出比上年上涨 4.6%，农村居民医疗保健费用支出比上年上涨 2.1%，高于全省居民消费价格 1.8%的增长幅度。目前，安徽省居民的医疗保健费用支出排在食品烟酒费用和教育费用之后，成为居民生活的第三大消费习惯。随着年龄的增长，老年人患病的概率也在不断加大，对医疗资源的消费和占用也会越来越多，医疗护理费用的价格也在持续攀升。面对高昂的医疗费用和专业护理费用，仅仅依靠家庭自身是远远不够的，需要长期护理保险的分散功能来缓解这一难题。

（三）政策环境

探索建立长期护理保险制度，是应对人口老龄化、促进社会经济发展的战略举措，是实现共享发展改革成果的重大民生工程，是健全社会保障体系的重要制度安排。建立长期护理保险，有利于保障失能人员基本生活权益，提升他们体面和有尊严的生活质量，有利于促进养老服务产业发展和拓展护理从业人员就业渠道。2016 年 7 月 8 号，人社厅发布《人力资源社会保障部办公厅关于开展长期护理保险制度试点的指导意见》（人社厅〔2016〕80 号）。该文件主要分为以下几个部分：第一，探索建立以社会互助共济方式筹集资金，为长期失能人员的基本生活照料和与基本生活密切相关的医疗护理提供资金或服务保障的社会保险制度；第二，探索长期护理保险的保障范围、参保缴费、待遇支付等政策体系；第三，长期护理保险制度以长期处于失能状态的参保人群为保障对象，重点解决重度失能人员基本生活照料和与基本生活密切相关的医疗护理等所需费用；第四，试点阶段，长期护理保险制度原则上主要覆盖职工基本医疗保险参保人群；第五，筹资标准根据当地经济发展水平、护理需求、护理服务成本以及保障范围和水平等因素，按照以收定支、收支平衡、略有结余的原则合理确定，建立与经济社会发展和保障水平相适应的动态筹资机制；第六，根据护理等级、服务提供方式等制定差别化的待遇保障政策，对符合规定的长期护理费用，基金支付水平总体上控制在 70%左右。

二、安徽长期护理保险的需求状况分析

安徽省是中部人口大省，也是人口迁移流动规模较大、速度较快的省份之一。近年来，老年人对医疗资源的消费和占用也越来越多。因此，选择安徽省作为研究区域具有较好的代表性。该调查分别在安徽省 7 个地市展开，占安徽省总地市数量的 43.75%。本次实地调查采用问卷调查法，于 2017 年 7—8 月进行。调查区域位于安徽省中部和南部的经济发达地区，分别是安庆市、合肥市、蚌埠市、亳州市、滁州市、六安市和阜阳市。其中，安庆市是全国首批长期护理保险制度试点城市之一，所以本次调查小组重点对安庆市长期护理保险的试点情况进行实地调查。调查对象为所有具有稳定工作收入的居民，包括城镇居民和农村居民。调查方法为随机抽取居民进行问卷填写与访谈。所有调查人员均经过专业培训之后，才正式参与实地调查。本次实地调查共发放 1102 份问卷，最终收回问卷 1102 份，经过数据清理，共得到有效问卷 996 份，本次问卷调查的有效率为 90.38%。

（一）长期护理保险的购买意愿分析

第一，老年人购买长期护理保险意愿较高。首先，本节对安徽省地区 60 周岁及以上的老年人购买长期护理保险意愿进行分析。结果显示，61.13%的老年人有购买长期护理保险的意愿，38.87%的老年人则不愿意购买长期护理保险。其次，对安庆地区 60 周岁及以上的老年

人购买长期护理保险意愿进行分析。结果显示，75.66%的老年人有购买长期护理保险的意愿，24.34%的老年人则不愿意购买长期护理保险。最后，将样本数据进一步扩大，对于安庆地区所有参与问卷调查的城镇居民而言，仍有66.20%的人愿意购买长期护理保险。

第二，老年人对长期护理保险的支付意愿较低。表5-2体现了问卷中“您每年愿意支付长期护理保险的费用”的意向。老年人对长期护理保险的支付意愿，在一定程度上反映了其对长期护理保险的需求和经济价值的认同情况。由表5-2中的结果可知，52.80%的老年人每年愿意支付长期护理保险的费用仅为10元；18.00%的老年人每年愿意支付长期护理保险的费用为30元；9.40%的老年人每年愿意支付长期护理保险的费用为50元；5.20%的老年人每年愿意支付长期护理保险的费用为70元；9.60%的老年人每年愿意支付长期护理保险的费用为100元；5.00%的老年人每年愿意支付长期护理保险的费用为150元及以上。结合上文可知，虽然大多数老年人有意愿购买长期护理保险，但是对其支付金额却较低。

表5-2　老年人对长期护理保险的支付意愿

支付金额（元）	比例（%）
10	52.80
30	18.00
50	9.40
70	5.20
100	9.60
150及以上	5.00

（二）安徽省长期护理保险的需求影响因素分析

第一，个人特征对长期护理保险需求的影响。表5-3和表5-4分别是个体特征与需要长期护理保险和不需要长期护理保险的交叉分析表。首先，从性别的角度来看，男性居民与女性居民对于长期护理保险的需求意愿相差无几，分别为50.01%和48.64%。其次，从年龄的角度来看，51～60岁、61～70岁和71～80岁的受访者对长期护理保险的需求水平分别为 43.57%、57.61%、52.04%，80 岁以上老年人对长期护理保险的需求水平略高，为 63.15%。对于机构居住的老年人而言，其对长期护理保险的需求水平均在 80.00%以上，尤其是 80 周岁以上的老年人，其对长期护理保险的需求水平高达 89.74%。这说明随着年龄的增加，老年人对长期护理的需求水平也越来越高。再次，从受访者户口类型来看，城镇户口的受访者对长期护理保险的需求水平较高，为 60.31%，农业户口的受访者对长期护理保险的需求水平较低，仅为 36.41%。这说明长期护理保险在农村地区的普及程度远远低于城镇地区。最后，从受访者文化程度来看，文盲水平的受访者对长期护理保险的需求水平最低，仅为 36.67%；小学水平的受访者对长期护理保险的水平为 45.38%；初中水平的受访者对长期护理保险的需求水平为 53.71%；中专或高中水平的受访者对长期护理保险的需求水平为 58.59%；大专水平的受访者对长期护理保险的需求水平为 65.09%；本科及以上水平的受访者对长期护理保险的需求水平最高，为 67.06%。这说明受访者的受教育水平越高，其对长期护理保险的需求水平越大。

表 5-3 个体特征与需要长期护理保险交叉分析表

变量	分类	家庭居住		机构居住	
		观测值数量（人）	均值（%）	观测值数量（人）	均值（%）
性别	男	492	51.01	47	87.23
	女	405	48.64	52	84.61
年龄	20～40 岁	152	59.86	0	0
	41～50 岁	380	46.05	0	0
	51～60 岁	179	43.57	0	0
	61～70 岁	92	57.61	16	87.51
	71～80 岁	75	52.04	35	84.35
	80 岁以上	19	63.15	48	89.74
户口类型	城镇户口	504	60.31	78	87.17
	农业户口	390	36.41	20	80.24

（续表）

变量	分类	家庭居住		机构居住	
		观测值数量（人）	均值（%）	观测值数量（人）	均值（%）
文化程度	文盲	60	36.67	14	92.15
	小学	103	45.38	10	89.25
	初中	113	53.71	13	69.23
	中专或高中	121	58.59	11	54.54
	大专	106	65.09	5	94.24
	本科及以上	184	67.06	6	83.33

表 5-4　个体特征与不需要长期护理保险交叉分析表

变量	分类	家庭居住		机构居住	
		观测值数量（人）	均值（%）	观测值数量（人）	均值（%）
性别	男	492	48.99	47	12.77
	女	405	51.36	52	15.39
年龄	20～40 岁	152	40.14	0	0
	41～50 岁	380	53.95	0	0
	51～60 岁	179	56.43	0	0
	61～70 岁	92	42.39	16	12.49
	71～80 岁	75	47.96	35	15.65
	80 岁以上	19	36.85	48	10.26
户口类型	城镇户口	504	39.69	78	12.83
	农业户口	390	63.59	20	19.76
文化程度	文盲	60	63.33	14	7.85
	小学	103	54.62	10	10.75
	初中	113	46.29	13	30.77
	中专或高中	121	41.41	11	45.46
	大专	106	34.91	5	5.76
	本科及以上	184	32.94	6	16.67

第二，受访者健康状况对长期护理保险需求的影响。表 5-5 和表 5-6 是受访者健康状况与需要长期护理保险和不需要长期护理保险交叉分析表。从受访者自评身体健康状况来看，认为身体健康很差的受访者对长期护理保险的需求水平较高，为 67.89%；认为身体状况一般的受访者对长期护理保险的需求水平为 52.67%；认为身体状况很好的受访者对长期护理保险的需求水平较低，仅为 44.89%。这说明受访者的身体状况越好，其对长期护理保险的需求水平越低。从受访者生活自理能力来看，完全可以自理的受访者对长期护理保险的需求水平最低，仅为 49.45%，一般情况的受访者对长期护理保险的需求水平为 59.35%，完全不能自理的受访者对长期护理保险的需求水平最高，为 83.33%。这说明受访者的生活自理能力越差，其对长期护理保险的需求水平越高。

表 5-5　受访者健康状况与需要长期护理保险交叉分析表

变量	分类	家庭居住		机构居住	
		观测值数量（人）	均值（%）	观测值数量（人）	均值（%）
自评身体健康状况	很差	38	67.89	8	89.52
	较差	42	68.34	12	88.29
	一般	310	52.67	38	90.47
	较好	322	57.14	24	79.16
	很好	147	44.89	4	75.24
生活自理能力	完全可以自理	639	49.45	30	76.67
	基本可以自理	185	50.27	32	90.35
	一般	51	59.35	12	84.61
	基本不能自理	16	70.26	14	93.26
	完全不能自理	6	83.33	10	95.24
是否患有慢性病	是	446	59.36	53	84.92
	否	451	50.77	46	83.24
过去一年去门诊次数	0 次	300	25.51	42	88.09
	1～2 次	223	36.70	27	81.48

（续表）

变量	分类	家庭居住		机构居住	
		观测值数量（人）	均值（%）	观测值数量（人）	均值（%）
过去一年去门诊次数	3～4次	201	43.28	12	91.66
	5～6次	79	58.29	8	87.25
	7次及以上	94	59.33	10	90.15
过去一年住院次数	0次	672	50.44	81	94.25
	1～2次	179	49.66	15	93.33
	3～4次	33	48.48	3	92.45
	5～6次	7	52.36	0	0
	7次及以上	6	53.33	0	0

表5-6　受访者健康状况与不需要长期护理保险交叉分析表

变量	分类	家庭居住		机构居住	
		观测值数量（人）	均值（%）	观测值数量（人）	均值（%）
自评身体健康状况	很差	38	32.11	8	10.48
	较差	42	31.66	12	11.71
	一般	310	47.33	38	9.53
	较好	322	42.86	24	20.84
	很好	147	55.11	4	24.76
生活自理能力	完全可以自理	639	50.55	30	23.33
	基本可以自理	185	49.73	32	9.65
	一般	51	40.65	12	15.39
	基本不能自理	16	29.74	14	6.74
	完全不能自理	6	16.67	10	4.76
是否患有慢性病	是	446	40.64	53	15.08
	否	451	49.23	46	16.76
过去一年去门诊次数	0次	300	74.49	42	11.91
	1～2次	223	63.3	27	18.52

（续表）

变量	分类	家庭居住		机构居住	
		观测值数量（人）	均值（%）	观测值数量（人）	均值（%）
过去一年去门诊次数	3～4 次	201	56.72	12	8.34
	5～6 次	79	41.71	8	12.75
	7 次及以上	94	40.67	10	9.85
过去一年住院次数	0 次	672	49.56	81	5.75
	1～2 次	179	50.34	15	6.67
	3～4 次	33	51.52	3	7.55
	5～6 次	7	47.64	0	0
	7 次及以上	6	46.67	0	0

从受访者是否患有慢性病来看，未患有慢性病的受访者对长期护理保险的需求水平为 50.77%，而患有慢性病的受访者对长期护理保险的需求水平为 59.36%。说明身体健康状况较差的受访者对于长期护理保险的需求水平较高。从受访者过去一年内去过门诊的次数来看，从未去过门诊的受访者对长期护理保险的需求水平最低，仅为 25.51%，去过 3～4 次门诊的受访者对长期护理保险的需求水平为 43.28%，去过 7 次及以上门诊的受访者对长期护理保险的需求水平最高，为 59.33%。这说明受访者的身体健康越差，其对长期护理保险的需求水平越高。从受访者过去一年住院次数来看，从未住院的受访者对长期护理保险的需求水平为 50.44%，住院次数为 3～4 次的受访者对长期护理保险的需求水平为 48.48%，住院次数在 7 次及以上的受访者对长期护理保险的需求水平为 53.33%。

第三，家庭特征对于长期护理保险需求的影响。表 5－7 和表 5－8 是家庭特征与需要长期护理保险和不需要长期护理保险交叉分析表。从受访者家中是否有需要长期护理的成员来看，有需要长期护理成员的受访者对长期护理保险的需求水平为 58.02%，不需要长期护理成员的受访者对长期护理保险的需求水平为 46.94%。从受访者子女是否具有稳定收入来看，子女具有稳定收入的受访者对长期护理保险的需求水平为52.10%，子女不具有稳定收入的受访者对长期护理保险的需求水平为46.57%，两者的需求水平相差不大。可能原因是，对于大多数受访者而言，是否购买长期护理保险往往取决于自己的收入水平和消费意愿，与子女收入水平的联系并不紧密。

表5-7　家庭特征与需要长期护理保险交叉分析表

变量	分类	家庭居住		机构居住	
		观测值数量（人）	均值（%）	观测值数量（人）	均值（%）
家中是否有需要护理的成员	是	243	58.02	48	89.35
	否	654	46.94	51	86.27
子女是否有稳定收入	是	547	52.10	82	87.80
	否	350	46.57	17	76.47
家人是否提供经济援助	一定会	236	55.67	30	92.56
	应该会	506	52.76	59	89.83
	不确定	125	48.82	10	66.25
	应该不会	20	35.26	0	0
	一定不会	10	12.35	0	0
子女数量	0人	70	56.38	21	90.47
	1人	279	54.12	10	80.12
	2人	329	51.97	23	79.56
	3人	125	40.89	21	95.23
	4人及以上	94	36.81	24	95.83

表5-8　家庭特征与不需要长期护理保险交叉分析表

变量	分类	家庭居住		机构居住	
		观测值数量（人）	均值（%）	观测值数量（人）	均值（%）
家中是否有需要护理的成员	是	243	41.98	48	10.65
	否	654	53.06	51	13.73
子女是否有稳定收入	是	547	47.90	82	12.20
	否	350	53.43	17	23.53

（续表）

变量	分类	家庭居住		机构居住	
		观测值数量（人）	均值（%）	观测值数量（人）	均值（%）
家人是否提供经济援助	一定会	236	44.33	30	7.44
	应该会	506	47.24	59	10.17
	不确定	125	51.18	10	33.75
	应该不会	20	64.74	0	0
	一定不会	10	87.65	0	0
子女数量	0人	70	43.62	21	9.53
	1人	279	45.88	10	19.88
	2人	329	48.03	23	20.44
	3人	125	59.11	21	4.77
	4人及以上	94	63.19	24	4.17

从受访者家人是否提供经济援助来看，认为家人一定会提供经济援助的受访者对长期护理保险的需求水平最高，为55.67%，不确定家人是否会提供经济援助的受访者对长期护理保险的需求水平为48.82%，认为家人一定不会提供经济援助的受访者对长期护理保险的水平最低，仅为12.35%。从受访者子女数量来看，没有子女的受访者对长期护理保险的需求水平最高，为56.38%，有1个子女的受访者对长期护理保险的需求水平为54.12%，有2个子女的受访者对长期护理的需求水平为51.97%，有3个子女的受访者对长期护理保险的需求水平为40.89%，有4个及以上子女的受访者对长期护理保险的需求水平为36.81%。说明受访者的子女数量越多，其对长期护理保险的需求水平越低。这可能与我国传统观念中的“养儿防老”思想有关，子女数量越多，老年人则越倾向于家庭养老。

第四，受访者工作和经济状况对长期护理保险需求的影响。表5-9和表5-10是受访者工作和经济状况与需要长期护理保险和不需要长期护理保险交叉分析表。从受访者职业类型来看，事业单位人员对长期护理保险的需求水平最高，为59.47%，专业技术人员长期护理保险的需求水平为51.42%，办事人员对长期护理保险的需求水平为57.42%，服务人员对长期护理保险的需求水平为49.09%，农林牧渔人员对长期护理保险的需求水平最低，仅为32.97%，生产运输人员长期护理保险的需求水平为51.85%。从受访者每月收入来看，每月收入在1000元及以下的受访者对长期护理保险的需求水平为33.33%，每月收入在1001～2000元之间的受访者对长期护理保险的需求水平为36.52%，每月收入在2001～3000元之间的受访者对长期护理保险的需求水平为51.28%，每月收入在3000元以上的受访者对长期护理保险的需求水平为56.65%。说明受访者的每月收入越高，其对长期护理保险的需求水平越高。

表5-9　受访者工作和经济状况与需要长期护理保险交叉分析表

变量	分类	家庭居住		机构居住	
		观测值数量（人）	均值（%）	观测值数量（人）	均值（%）
职业类型	事业单位人员	227	59.47	32	84.37
	专业技术人员	105	51.42	9	66.67
	办事人员	101	57.42	19	84.59
	服务人员	165	49.09	10	80.29
	农林牧渔人员	185	32.97	9	94.21
	生产运输人员	108	51.85	18	96.25
每月收入	1000元及以下	105	33.33	17	90.18
	1001～2000元	115	36.52	9	77.78
	2001～3000元	234	51.28	57	84.21
	3000元以上	443	56.65	16	81.25

表5-10　受访者工作和经济状况与不需要长期护理保险交叉分析表

变量	分类	家庭居住		机构居住	
		观测值数量（人）	均值（%）	观测值数量（人）	均值（%）
职业	事业单位人员	227	40.53	32	15.63
	专业技术人员	105	48.58	9	33.33

（续表）

变量	分类	家庭居住		机构居住	
		观测值数量（人）	均值（%）	观测值数量（人）	均值（%）
职业	办事人员	101	42.58	19	15.41
	服务人员	165	50.91	10	19.71
	农林牧渔人员	185	67.03	9	5.79
	生产运输人员	108	48.15	18	3.75
每月收入	1000 元及以下	105	66.67	17	9.82
	1001～2000 元	115	63.48	9	22.22
	2001～3000 元	234	48.72	57	15.79
	3000 元以上	443	43.35	16	18.75

（三）安庆市长期护理保险的需求影响因素分析

第一，个人特征对长期护理保险需求的影响。表 5－11 和表5－12 分别是个体特征与有意愿购买长期护理保险和无意愿购买长期护理保险的交叉分析表。结合表 5－11 和表 5－12，首先，从性别的角度来看，对于家庭居住的人群而言，有意愿购买长期护理保险的男性人群比例要略高于女性人群比例，分别为 63.18%和 62.82%；对于机构居住的老年人而言，无论是男性老年人还是女性老年人，其购买意愿都较高，分别为 94.20%和 85.56%。其次，从年龄的角度来看，51～60 岁、61～70 岁和 71～80 岁的家庭居住受访者有意愿购买长期护理保险的概率分别为 67.92%、74.57%和 61.11%，80 岁以上老年人对长期护理保险的购买意愿率高达 80.00%；对于机构居住的老年人而言，60 周岁以上老年人的购买意愿都十分强烈，而 80 岁以上老年人对长期护理保险的购买意愿率甚至高达 97.56%。这说明，当前正在工作的中老年人未来的长期护理服务需求呈强劲增长的趋势，而且高龄老年人对长期护理服务的需求已经属于刚性需求的范围。最后，从文化程度来看，无论是家庭居住人群还是机构居住人群，受访者文化程度越高，其对长期护理保险的购买愿望也就越强烈。对于家庭居住人群而言，受教育程度为文盲的受访者购买长期护理保险的意愿仅为37.50%，受教育程度为小学的受访者购买长期护理保险的意愿为53.42%，而受教育水平为本科及以上的受访者购买长期护理保险的意愿则达到了64.60%。对于机构居住人群而言，受教育水平为本科及以上的受访者购买长期护理保险的意愿则达到了100.00%。一般而言，文化程度越高的人群的认识水平更高，理解能力也更强，传统思想观念越容易改变，也越乐于接受并尝试新生事物。因此，文化程度越高的人群，尤其是文化程度越高的老年人群，对长期护理保险的需求意愿越大。

表5-11　个体特征与有意愿购买长期护理保险交叉分析表

变量	分类	家庭居住		机构居住	
		观测值数量（人）	均值（%）	观测值数量（人）	均值（%）
性别	男	220	63.18	69	94.20
	女	191	62.82	20	85.56
年龄	20～40岁	165	58.18	0	0
	41～50岁	88	60.22	0	0
	51～60岁	53	67.92	0	0
	61～70岁	59	74.57	8	76.52
	71～80岁	36	61.11	27	85.18
	80岁以上	10	80.00	41	97.56
文化程度	文盲	16	37.50	25	80.00
	小学	7	53.42	14	85.71
	初中	70	65.27	12	92.67
	中专或高中	69	60.87	8	87.50
	大专	75	62.67	4	100.00
	本科及以上	108	64.60	3	100.00

表 5-12 个体特征与无意愿购买长期护理保险交叉分析表

变量	分类	家庭居住		机构居住	
		观测值数量（人）	均值（%）	观测值数量（人）	均值（%）
性别	男	220	36.82	69	5.80
	女	191	37.18	20	14.44
年龄	20～40 岁	165	41.82	0	0
	41～50 岁	88	39.78	0	0
	51～60 岁	53	32.08	0	0
	61～70 岁	59	25.43	8	23.48
	71～80 岁	36	38.89	27	14.82
	80 岁以上	10	20.00	41	2.44
文化程度	文盲	16	62.50	25	20.00
	小学	7	37.00	14	14.29
	初中	70	34.73	12	7.33
	中专或高中	69	39.13	8	12.50
	大专	75	37.33	4	0
	本科及以上	108	35.40	3	0

第二，受访者健康状况对长期护理保险需求的影响。表 5-13 和表 5-14 是受访者健康状况与有意愿购买长期护理保险和无意愿购买长期护理保险交叉分析表。结合表 5-13 和表 5-14 的数据，从受访者自评健康状况来看，对于家庭居住的受访者而言，健康状况很差的受访人群对长期护理保险的需求水平为 78.20%，健康状况一般的受访人群对长期护理保险的需求水平下降为 68.30%，健康状况很好的受访人群对长期护理保险的需求水平下降为 50.61%。而对于机构居住的老年人群而言，健康状况很差的老年人对长期护理保险的需求水平高达 94.32%，健康状况一般的老年人对长期护理保险的需求水平为 87.52%，健康状况很好的受访人群对长期护理保险的需求水平为

64.21%。说明老年人身体健康越差，其对长期护理保险的需求水平越高，这也与现实情况相符合。

表 5 - 13 受访者健康状况与有意愿购买长期护理保险交叉分析表

变量	分类	家庭居住		机构居住	
		观测值数量（人）	均值（%）	观测值数量（人）	均值（%）
自评身体健康状况	很差	9	78.20	9	94.32
	较差	11	68.30	9	89.73
	一般	125	58.40	40	87.52
	较好	180	55.56	11	80.69
	很好	71	50.61	5	64.21
生活自理能力	完全可以自理	311	50.00	17	56.72
	基本可以自理	74	53.78	33	68.42
	一般	14	57.14	14	76.28
	基本不能自理	8	66.23	15	86.72
	完全不能自理	4	100.00	10	98.65
是否患有慢性病	是	184	66.52	52	89.73
	否	227	58.69	37	74.56
过去一年去门诊次数	0 次	75	51.34	21	69.08
	1～2 次	113	57.52	19	73.45
	3～4 次	65	58.46	22	72.17
	5～6 次	23	63.56	16	80.62
	7 次及以上	21	70.67	11	89.52
过去一年住院次数	0 次	349	52.85	65	70.63
	1～2 次	51	58.82	17	75.70
	3～4 次	7	64.18	4	76.92
	5～6 次	2	70.71	2	88.63
	7 次及以上	2	70.71	1	89.03

表 5 - 14　受访者健康状况与无意愿购买长期护理保险交叉分析表

变量	分类	家庭居住		机构居住	
		观测值数量（人）	均值（%）	观测值数量（人）	均值（%）
自评身体健康状况	很差	10	21.80	9	5.68
	较差	10	31.70	9	10.27
	一般	125	41.60	40	12.48
	较好	180	44.44	11	19.31
	很好	71	49.39	5	35.79
生活自理能力	完全可以自理	311	50.00	17	56.72
	基本可以自理	74	46.22	33	43.28
	一般	14	42.86	14	23.72
	基本不能自理	8	33.77	15	13.28
	完全不能自理	4	0	10	1.35
是否患有慢性病	是	184	33.48	52	10.27
	否	227	41.31	37	25.44
过去一年去门诊次数	0 次	75	48.66	21	30.92
	1～2 次	113	42.48	19	26.55
	3～4 次	65	41.54	22	27.83
	5～6 次	23	36.44	16	19.38
	7 次及以上	21	29.33	11	10.48
过去一年住院次数	0 次	349	47.15	65	29.37
	1～2 次	51	41.18	17	24.30
	3～4 次	7	35.82	4	23.08
	5～6 次	2	29.29	2	11.37
	7 次及以上	2	29.29	1	10.97

从受访者生活自理程度来看，对于家庭居住的受访者而言，生活状况完全可以自理的受访人群对长期护理保险的需求水平仅为50.00%，生活自理能力一般的受访人群对长期护理保险的需求水平上涨至57.14%，生活状况完全不能自理的受访人群对长期护理保险的需求水平则上涨为100.00%。而对于机构居住的老年人群而言，生活状况完全可以自理的老年人对长期护理保险的需求水平为56.72%，生活自理能力一般的受访人群对长期护理保险的需求水平上涨至76.28%，生活状况完全不能自理的受访人群对长期护理保险的需求水平则上涨为98.65%。说明生活自理能力越差的老年人群，对长期护理保险的需求水平越高。

从受访者是否患有慢性病情况来看，对于家庭居住的受访者而言，患有慢性病的受访人群对长期护理保险的需求水平高达66.52%，未患有慢性病的受访人群对长期护理保险的需求水平则为58.69%。对于机构居住的受访者而言，患有慢性病的老年人对长期护理保险的需求水平高达89.73%，未患有慢性病的老年人对长期护理保险的需求水平则为74.56%。患有慢性病的人群对长期护理保险的需要意愿要高于未患有慢性病的人群。从受访者过去一年内去门诊次数和住院次数来看，去门诊次数或住院次数越多的受访人群，其对长期护理保险的需求意愿越高，越迫切地需要长期护理保险制度来缓解医疗和护理的费用压力。

第三，家庭特征对于长期护理保险需求的影响。表5－15和表5－16是家庭特征与有意愿购买长期护理保险和无意愿购买长期护理保险交叉分析表。首先，受访者的家人中如果有需要长期护理成员，则其自身对长期护理保险的需求水平也较高，为71.17%，而对于家中没有需要长期护理成员的受访者而言，这一需求水平则下降为59.73%。说明家中有长期护理成员的受访者更容易接受长期护理保险，购买意愿也更强烈。其次，从受访者子女是否有稳定收入来看，子女有稳定收入的受访人群对与长期护理保险的需求意愿高达71.56%，而子女没有稳定收入的受访者对于长期护理保险的需求水平则下降至54.27%，两者之间相差17.29%。这说明子女是否有稳定收入对于受访者购买长期护理保险意愿具有很大程度上的影响。

表 5-15 家庭特征与有意愿购买长期护理保险交叉分析表

变量	分类	家庭居住		机构居住	
		观测值数量（人）	均值（%）	观测值数量（人）	均值（%）
家中是否有需要护理的成员	是	111	71.17	52	89.52
	否	298	59.73	37	80.58
子女是否有稳定收入	是	211	71.56	72	89.41
	否	199	54.27	17	76.32
家人是否提供经济援助	一定会	83	69.92	17	87.28
	应该会	262	66.03	58	82.11
	不确定	48	58.33	9	77.23
	应该不会	16	43.75	3	70.02
	一定不会	2	35.28	2	65.62
家庭成员人数	1～3 人	221	68.32	38	86.38
	4 人	126	62.27	23	80.02
	5 人	53	60.38	14	77.31
	6 人	9	55.56	12	73.82
	7 人及以上	2	50.00	2	70.24
家庭去年一年总收入	1000 元及以下	3	66.67	2	78.92
	1001～5000 元	4	25.00	3	66.83
	5001～20000 元	22	36.36	7	74.83
	20001～50000 元	64	51.56	20	90.52
	50000 元以上	317	67.82	57	89.03

表 5-16 家庭特征与无意愿购买长期护理保险交叉分析表

变量	分类	家庭居住		机构居住	
		观测值数量（人）	均值（%）	观测值数量（人）	均值（%）
家中是否有需要护理的成员	是	111	28.83	52	10.48
	否	298	40.27	37	19.42
子女是否有稳定收入	是	211	28.44	72	10.59
	否	199	45.73	17	23.68
家人是否提供经济援助	一定会	83	30.08	17	12.72
	应该会	262	33.97	58	17.89
	不确定	48	41.67	9	22.77
	应该不会	16	56.25	3	29.98
	一定不会	2	64.72	2	34.38
家庭成员人数	1～3 人	221	31.68	38	13.62
	4 人	126	37.73	23	19.98
	5 人	53	39.62	14	22.69
	6 人	9	44.44	12	26.18
	7 人及以上	2	50.00	2	29.76
家庭去年一年总收入	1000 元及以下	3	33.33	2	21.08
	1001～5000 元	4	75.00	3	33.17
	5001～20000 元	22	63.64	7	25.17
	20001～50000 元	64	48.44	20	9.48
	50000 元以上	317	32.18	57	10.97

从受访者家人是否提供经济援助来看，认为家人一定会提供经济援助的受访者对长期护理保险的需求水平为 69.92%，认为家人应该会提供经济援助的受访者对长期护理保险的需求水平为 66.03%，不确定家人是否会提供经济援助的受访者对长期护理保险的需求水平下降为 58.33%，认为家人应该不会提供经济援助的受访者对长期护理保险的需求水平则下降为 43.75%，认为家人一定不会提供经济援助的受访者对长期护理保险的需求水平最低，仅为 35.28%。对于大多

数的受访者而言，尤其是老年受访者，本身的经济来源是有限的，没有足够的消费意愿去购买长期护理保险。如果家人能够提供经济援助，则受访者购买长期护理保险的意愿将会得到提高，这一影响因素在受访对象为老年人群时显得尤为明显。

从受访者家庭成员人数来看，家庭成员数为 1～3 人的受访者对于长期护理保险的需求水平为 68.32%，家庭成员数为 4 人的受访者对于长期护理保险的需求水平为 62.27%，家庭成员数为 5 人的受访者对于长期护理保险的需求水平为 60.38%，家庭成员数为 6 人的受访者对于长期护理保险的需求水平为 55.56%，家庭成员数为 7 人及以上的受访者对于长期护理保险的需求水平仅为 50.00%。说明受访者家庭成员人数越少，其对长期护理保险的购买意愿越强烈。这可能与中国传统观念中的“养儿防老”思想观念有关，家庭成员人数越多，老年人越倾向于家庭养老，对长期护理保险的购买意愿也越低。与之相反的是，家庭成员人数越少的老年人则希望通过长期护理保险制度来得到更多的养老护理保障。

从受访者家庭过去一年内总收入水平来看，家庭总收入水平在 1000 元及以下的受访者对于长期护理保险的需求水平较高，为 66.67%，家庭总收入水平在 1001～5000 元之间的受访者对于长期护理保险的需求水平最低，仅为 25.00%，家庭总收入水平在 5001～20000 元之间的受访者对于长期护理保险的需求水平较低，为 36.36%，家庭总收入水平在 20001～50000 元之间的受访者对于长期护理保险的需求水平为 51.56%，家庭总收入水平在 50000 元以上的受访者对于长期护理保险的需求水平最高，为 67.82%。总体而言，家庭总收入水平越高，则受访者购买长期护理保险的意愿更强烈。但值得注意的是，家庭总收入水平为 1000 元及以下的受访者对长期护理保险的需求意愿也较高，可能原因是受访者迫切需要长期护理保险制度来缓解老年人昂贵的医疗和护理费用。

第四，受访者工作和经济状况对长期护理保险需求的影响。表 5－17和表 5－18 是受访者工作和经济状况与有意愿购买长期护理保险和无意愿购买长期护理保险交叉分析表。从受访者是否具有稳定工作来看，受访者为正式职工的人群对长期护理保险的购买意愿高达70.62%，远远超过了受访者为非正式职工的人群购买意愿比例。对于正式职工而言，他们有着稳定的收入，消费意愿较高，购买长期护理保险的意愿也较高；而对于非正式职工而言，他们没有稳定的收入，消费意愿较低，往往也不愿意购买这种长期性的保险。而对于机构居住的受访者而言，无论受访对象是正式职工还是非正式职工，其购买意愿都十分强烈，分别为89.80%和90.00%。说明机构居住的老年人迫切地需要长期护理保险制度来缓解家庭经济压力，享受到更好的医疗和护理服务资源。

表5-17　受访者工作和经济状况与有意愿购买长期护理保险交叉分析表

变量	分类	家庭居住		机构居住	
		观测值数量（人）	均值（%）	观测值数量（人）	均值（%）
居民类型	正式职工	195	70.62	49	89.80
	非正式职工	216	56.48	40	90.00
职业类型	事业单位人员	132	72.72	20	89.63
	专业技术人员	50	54.00	9	76.53
	办事人员	64	67.18	19	79.33
	服务人员	91	58.24	9	78.63
	农林牧渔人员	15	60.00	7	83.28
	生产运输人员	54	57.40	23	81.05
每月收入	1000元及以下	24	37.50	16	63.83
	1001～2000元	34	50.00	12	70.02
	2001～3000元	112	61.60	44	83.76
	3000元以上	240	68.33	17	88.75

表5-18　受访者工作和经济状况与无意愿购买长期护理保险交叉分析表

变量	分类	家庭居住		机构居住	
		观测值数量（人）	均值（%）	观测值数量（人）	均值（%）
居民类型	正式职工	195	29.38	49	10.20
	非正式职工	216	43.52	40	10.00

（续表）

变量	分类	家庭居住		机构居住	
		观测值数量（人）	均值（%）	观测值数量（人）	均值（%）
职业	事业单位人员	132	27.28	20	10.37
	专业技术人员	50	46.00	9	23.47
	办事人员	64	32.82	19	20.67
	服务人员	91	41.76	9	21.37
	农林牧渔人员	15	40.00	7	16.72
	生产运输人员	54	42.60	23	18.95
每月收入	1000 元及以下	24	62.50	16	36.17
	1001～2000 元	34	50.00	12	29.98
	2001～3000 元	112	38.40	44	16.24
	3000 元以上	240	31.67	17	11.25

从受访者职业类型来看，事业单位人员对长期护理保险的购买意愿最高，为 72.72%；专业技术人员对长期护理保险的购买意愿最低，为 54.00%；办事人员对长期护理保险的购买意愿为 67.18%；服务人员对长期护理保险的购买意愿为 58.24%；农林牧渔人员对长期护理保险的购买意愿为 60.00%；生产运输人员对长期护理保险的购买意愿为 57.40%。说明不同职业类型的工作人员对于长期护理保险的购买意愿也不尽相同。这可能是因为，相对其他职业类型的工作人员而言，事业单位人员的薪酬福利更好，拥有更好的医疗保障资源，养老保险基金积累较多，对未来的养老预期更佳，因此，对长期护理保险的兴趣也更浓厚。

从受访者每月收入来看，每月收入为 1000 元及以下的受访者对长期护理保险的需求水平最低，仅为 37.50%；每月收入在 1001～2000 元之间的受访者对长期护理保险的需求水平为 50.00%；每月收入在 2001～3000 元之间的受访者对长期护理保险的需求水平为 61.60%；每月收入为 3000 元以上的受访者对长期护理保险的需求水平最高，为 68.33%。由于当前的长期护理费用较高，因此，受访者收入水平越高，其对长期护理保险的需求水平越高。反之，受访者收入水平越低，其对长期护理保险的需求水平越低。对于机构居住的老年人而言，每月收入水平越高的老年人对长期护理保险的购买意愿则显得尤为强烈。例如，每月收入在3000元以上的老年人对长期护理保险的需求水平高达88.75%，而每月收入在1000元以下的老年人对长期护理保险的需求水平则仅为63.83%。

第五，受访者主观因素对长期护理保险需求的影响。表5-19和表5-20是受访者主观因素与有意愿购买长期护理保险和无意愿购买长期护理保险交叉分析表。从受访者对传统观念中“养儿防老”的看法来看，越不赞同该观念的受访者对长期护理保险的需求水平越高。例如，非常赞同“养儿防老”观念的受访者对长期护理保险的需求水平仅为50.04%，非常不赞同“养儿防老”观念的受访者对长期护理保险的需求水平高达85.83%，两者的需求水平相差35.79%。从受访者是否了解长期护理保险来看，了解长期护理保险的受访者对其需求水平为79.28%，而不了解长期护理保险的受访者对其需求水平仅仅为59.22%，两者的需求水平相差20.06%。从受访者是否需要长期护理保险来看，需要长期护理保险的受访者对其需求水平高达83.58%，不需要长期护理保险的受访者对其需求水平仅为21.89%。

表5-19　受访者主观因素与有意愿购买长期护理保险交叉分析表

变量	分类	家庭居住		机构居住	
		观测值数量（人）	均值（%）	观测值数量（人）	均值（%）
对“养儿防老”的看法	非常赞同	16	50.04	2	74.21
	比较赞同	121	54.54	22	70.85
	一般	156	75.02	37	81.39
	不太赞同	103	80.19	25	83.64
	非常不赞同	15	85.83	3	89.34
是否了解长期护理保险	是	82	79.28	20	86.37
	否	326	59.22	69	60.84
是否需要购买长期护理保险	是	274	83.58	77	90.15
	否	137	21.89	12	44.59

（续表）

变量	分类	家庭居住		机构居住	
		观测值数量（人）	均值（%）	观测值数量（人）	均值（%）
近期是否考虑长期照料问题	经常考虑	16	76.25	19	88.29
	偶尔考虑	50	70.05	14	74.21
	有考虑过	166	65.66	45	70.26
	从未考虑	178	58.98	11	62.38
是否开始准备长期护理费用	是	121	67.76	35	86.45
	否	289	60.89	54	74.29
家庭护理不能满足老年生活质量	非常同意	14	78.57	4	90.35
	同意	223	70.41	52	88.26
	不能确定	132	57.57	31	85.26
	不同意	34	38.23	2	80.24
	非常不同意	6	16.67	0	74.28
长期护理提高老年生活质量	非常同意	16	81.25	4	93.65
	同意	184	74.45	48	90.24
	不能确定	180	56.11	35	82.21
	不同意	21	23.80	2	78.26
	非常不同意	7	14.28	0	0

表5－20　受访者主观因素与无意愿购买长期护理保险交叉分析表

变量	分类	家庭居住		机构居住	
		观测值数量（人）	均值（%）	观测值数量（人）	均值（%）
对“养儿防老”的看法	非常赞同	16	49.96	2	25.79
	比较赞同	121	45.46	22	29.15
	一般	156	24.98	37	18.61
	不太赞同	103	19.81	25	16.36
	非常不赞同	15	14.17	3	10.66

（续表）

变量	分类	家庭居住		机构居住	
		观测值数量（人）	均值（%）	观测值数量（人）	均值（%）
是否了解长期护理保险	是	82	20.72	20	13.63
	否	326	40.78	69	39.16
是否需要购买长期护理保险	是	274	16.42	77	9.85
	否	137	78.11	12	55.41
近期是否考虑长期照料问题	经常考虑	16	23.75	19	11.71
	偶尔考虑	50	29.95	14	25.79
	有考虑过	166	34.34	45	29.74
	从未考虑	178	41.02	11	37.62
是否开始准备长期护理费用	是	121	32.24	35	13.55
	否	289	39.11	54	25.71
家庭护理不能满足老年生活质量	非常同意	14	21.43	4	9.65
	同意	223	29.59	52	11.74
	不能确定	132	42.43	31	14.74
	不同意	34	61.77	2	19.76
	非常不同意	6	83.33	0	25.72
长期护理提高老年生活质量	非常同意	16	18.75	4	6.35
	同意	184	25.55	48	9.76
	不能确定	180	43.89	35	17.79
	不同意	21	76.20	2	21.74
	非常不同意	7	85.72	0	0

从受访者是否需要购买长期护理保险来看，需要购买长期护理保险的受访者对其需求水平高达83.58%，不需要购买长期护理保险的受访者对其需求水平仅为21.89%，两者的需求水平相差较大。从受访者近期是否考虑过自己的长期照料问题来看，经常考虑的受访者对长期护理保险的需求水平最高，为76.25%；偶尔考虑的受访者对长期护理保险的需求水平为70.05%；有考虑过的受访者对长期护理保

险的需求水平为65.66%；从未考虑过的受访者对长期护理保险的需求水平最低，为58.98%。从受访者是否开始准备长期护理费用来看，已经开始准备的受访者对长期护理保险的需求水平为67.76%，还未开始准备的受访者对长期护理保险的需求水平为60.89%，两者的需求水平相差并不大。

从受访者对家庭护理的态度来看，认为家庭护理越来越不能满足老年生活质量的受访者对长期护理保险的需求水平高达78.57%；认为家庭护理仍然能够很好地满足老年生活质量的受访者对长期护理保险的需求水平仅为16.67%，两者的需求水平相差61.90%。说明受访者对于家庭护理的认可程度越高，则其购买长期护理保险的意愿越低。从受访者对长期护理的态度来看，认为长期护理能够提高老年生活质量的受访者对其需求水平为81.25%，不能确定长期护理是否能够提高老年生活质量的受访者对其需求水平为56.11%，认为长期护理不能够提高老年生活质量的受访者对其需求水平仅为14.28%。说明受访者对于长期护理的认可程度越高，则其购买长期护理保险的意愿越高。

第二节　安徽长期护理保险发展面临的困境

一、民众护理保险意识薄弱

居民“养儿防老”的传统观念根深蒂固。老年人往往对养老护理机构存在着极强的排斥心理，他们更倾向于跟熟悉的家庭成员生活在一起。另外，在我国的传统文化中，子女赡养老人是天经地义的事，将老人送到养老护理机构则违背孝道，所以子女往往将老人留在家中照料。因此，在今后较长时间内让民众接受长期护理保险制度显然不太现实，尤其是在思想更为保守的农村地区，这种传统观念将会对长期护理保险制度的推广产生极大的阻力。与此同时，由于安徽省长期护理保险事业发展还处于探索阶段，工作单位为员工购买保险的意识还比较薄弱，更谈不上为员工购买费用较高的长期护理保险。长期护理保险的显性需求不足，潜在需求远没有得到开发。民众护理保险意识薄弱且存在认知偏差与长期护理保险的发展存在着一定分歧，在一定程度上限制了长期护理保险的发展。

二、法律制度保障不足

安徽省社会保障制度存在着覆盖范围窄、保障水平低、法律不够健全等一系列尚待解决的问题，无法满足老年人口对养老和医疗护理的全方位需求。长期护理保险作为未来中国社会保险制度的第六险，它从试点先行到全国推广需要以法律的形式为其保驾护航。目前我国长期护理保险制度的发展还处于初步阶段，仅仅在全国十五个市区进行试点推行，而安徽省仅有安庆市一座城市在试点推行。我国目前针对老年护理保障的专门法律很少，《社会保险法》中没有明确规定护理保险的具体内容，而安徽省关于长期护理保险的地方性法规更是一片空白。安庆市的长期护理保险制度试点是一项创举，为未来在全省甚至在全国推行大范围的长期护理保险制度提供了不可或缺的经验。但是从法律保障的层面来看，安庆市长期护理保险制度的试点，是在行政层面的文件（《关于开展长期护理保险制度试点的指导意见》）指导下开展，而缺少直接对应的法律规范，无法体现作为一项社会保险制度的强制性。

三、供求矛盾

（一）老年护理负担日益加重

安徽省于1998年进入人口老龄化社会，是全国人口老龄化较早的省份之一。截至2016年底，安徽省60周岁以上老年人口为1102.20万人，占全省总人口的比重为17.80％，其中65周岁以上老年人口为743.50万人，占全省总人口的比重为12.00％（安徽省统计局，2017)。省人大代表谢琼在调研中了解到，安徽省失能、半失能老人达到190万人左右，并以较快的速度增长。据有关部门预测，到2035年我国老年人口将达到4亿人，由此可知安徽省失能、半失能的老人数量必然也会随之增多。这部分老人需要不同形式的长期护理照料，因而长期护理保险的需求量也将进一步上升。随着我国老龄化趋势的加重，失能和半失能老年人口规模不断增加，日益加重的护理负担逐渐成为养老面临的巨大难题。有效的长期护理解决方案将是未来几十年社会面临的最大挑战之一，政策制定者需要找到公平、公正且可持续的均衡型解决方案。

（二）养老服务供给总量不足

安徽省长期护理体系欠缺的根源在于护理保险和护理服务的供给难以匹配护理需求。目前安徽省养老服务发展尚处于起步阶段，养老服务供给量小、产品数量少、服务水平低。从规划布局上看，全省城市社区养老服务设施配建率仅为59%，且很多没有发挥运营效益，农村社区养老服务设施更是数量偏少。从硬件设施上看，全省现有的2585家养老机构中，获得设立许可的仅有926家，占比不到36%，服务质量基础指标达标的265家，占比仅为10.2%。相当一部分养老机构功能不全，条件简陋。目前，全省养老机构入住率不到40%，服务质量低的养老机构床位空置与服务质量高的养老机构“一床难求”现象并存，养老服务产品缺乏创新。另外，安徽省养老服务供给结构不够合理。据统计，目前全省33万张养老床位中，护理型床位仅有4万张，占比仅为12%。此外，社区居家养老、大众化养老设施、农村养老服务等仍很薄弱。如果没有充足的护理机构和护理设备，即便是长期护理保险建立起来了，也难以保障老人们获得适宜的护理服务。

四、专业护理人员缺失

长期护理人员的缺乏在某种程度上影响到安徽省护理保险的供给效率和效果，造成长期护理保险的供需缺口不断扩大，使安徽省护理保险的推广面临困境。安徽省的养老人才缺口大，专业素养低。目前，安徽省从事养老服务人员总数仅有2.4万人，其中获得养老护理员职业资格的仅5200人，获得其他专业技术资格的仅3800人，不能满足实际需要。在日常的照料方面，护理人员不仅仅只是照顾老人的日常生活，包括老人的常规疾病护理和老人心理研究等基础知识都应当有所了解。目前安徽省大多数养老院招收的都不是专业的护理人员，多为年龄偏大的退休女职工或是进城务工人员，人员流动性较大，稳定性较差。另外，养老院对于护理人员的培训也不够专业，大多是向其灌输有关道德操守问题，对于专业的护理培训较少涉及。由于养老服务从业人员社会认可度偏低、劳动报酬不高，再加上毕业生报考护理专业积极性不高，导致当前养老服务从业人员总体素质不高、水平有限。

五、长期护理筹资机制不健全

近年来，依靠各类医疗或养老机构进行长期护理的需求大幅上升，而护理成本却十分高昂，护理费用也日趋上涨，所占个人收入的比重越来越大，造成了很多人负担不起老年的长期护理费用。我国的老年长期护理事业筹资缺乏财政扶持政策，是机构护理发展缓慢的原因之一。安庆市在长期护理保险试点阶段，筹资标准暂定为每人每年 30 元，其中医保统筹基金结余中划入 20 元，参保人员个人缴费 10 元，参保人员个人缴费随职工医疗保险大病医疗救助保险费收取。但随着安徽省社会化养老规模的日益扩大，供养对象的增多，养老护理人员工资标准的提高以及管理费用的增加，资金不足、来源渠道不稳定等问题日益凸显出来。筹资机制不健全是待遇水平难以提高的重要原因，随着老年长期护理保险的深入建设，仅仅依靠社会医疗保险结余划转和有限的财政补贴来进行筹资，所形成的筹资规模是有限的。地方政府财政拨款的有限，社区本身筹款的艰难，是各地区老年长期护理保险制度发展中的共性。同时，政府对社会养老护理机构的资金投入也是有限的，甚至是不充分的，仅仅依靠一定范围、一定数额的补贴和救济，无法从根本上缓解老年长期护理资源紧缺的状况。筹资机制不健全问题，是安徽省长期护理保险大力发展的重要掣肘之一。

第三节 促进安徽长期护理保险发展的政策建议

一、提升大众参保意识

长期护理保险能规避家庭老人的长期护理风险，有效缓解护理费用支出所产生的经济压力。因此，要提高民众的风险意识，引导其客观认识老龄人随年龄的增加，日常生活障碍的可能性不断提高，降低侥幸心理。对广大群众普及长期护理保险的有关知识和信息，提高民众的风险防范意识。以此来减轻政府应对老龄化危机的压力，化解日益庞大的老龄人口规模与落后的老年服务体系之间的社会矛盾，实现家庭、政府部门和社会的互利共赢。电视、广播、网络、微博等都是人们日常生活中接触率较高的媒体，应该加强与这些主流媒体的沟通合作，合理利用新闻媒体来宣传和讲解长期护理保险的相关知识，让人们清楚了解自己所需的内容。如保费的缴纳数额，保险金领取方法，可以享受的保障，等等。与此同时，做好日常工作中的政策咨询工作，定期进入社区开展有关政策问答活动来鼓励市民参与，加深了解相关保险条款内容，借此加强人们的护理保险意识，提高他们的参保积极性。

二、完善长期护理保险制度

我国应在广泛深入调查的基础之上，做好护理服务需求的有关预测以及如何划分护理等级、缴费起始年龄、缴费的标准，制定适合我国实际情况的《护理保险法》。我国是在“未富先老”的形势之下进入老龄化阶段，城市和农村的二元经济结构及庞大的老年人口规模决定了我国目前还没有能力建立起一个统一的社会护理保险制度。因此，政府理应在法制框架下，通过诸如税收优惠等措施，积极探索更好的长期护理保险发展模式。而安徽省要根据本省的具体情况，出台一些关于长期护理保险的地方性法规。政府有责任和义务对护理机构的服务质量等内容进行监督，制定护理机构服务评价机制和体系，在长期护理保险的产出、服务标准、评价结果等多方面制定相应的标准。这样才能够解决因为信息不对称而导致的市场失灵，从而确保护理对象的选择权。

三、构建高效便捷的服务输送体系

服务体系是构建长期护理保险制度的重要因素之一。促进服务能力与支付能力之间的良性互动，最终实现服务供给与需求之间的合理匹配，构建起高效便捷的服务输送体系。一是要完善居家社区导向服务项目体系。基于“居家为基础、社区为依托、机构为支撑”的理念，扭转目前各地机构医院导向服务项目布局，构建起以居家社区为导向的服务项目体系，发挥居家和社区护理在长期护理服务供给中的基础性作用。特别应推动新型社区护理机构的发展，如发展二十四小时的居家看护服务、日间照护中心、小规模多机能居家照护中心等，同时推进护理型养老院的小型化与社区化，充分发展机构的支撑作用。二是要推动长期护理服务的多元供给。要逐步引导民营资本流向居家社区服务领域，弥补我国居家服务与社区服务的不足。除民营资本外，政府还应鼓励医院、非营利组织、志愿组织参与服务供给，鼓励社区发展“互助”团体，并对照顾家属提供专业培训、心理慰藉等，从而形成一个包括政府、家庭、市场、社区、志愿组织的多元化服务供给体系。

四、加快专业护理队伍建设

专业的护理人员对于建设长期护理保险制度极其重要，只有培养更多的专业性护理人才，才能提高老人的护理服务质量。首先，必须加强学校教育。因为护理工作本质上是一项专业性很强的工作，必须积极鼓励省内高等院校和一些医学类高等专科技术院校增设一些护理和养老专业，开设一些有关社会养老服务课程。同时，对愿意报考学习护理、养老专业的学生给予学费优惠和生活补助，并发展社会养老服务专业定向生。其次，严格把关护理人员职业技能考核，做到护理专业人员持证上岗，加强护理人员岗前培训，建立完善的护理人员培训机制。最后，改善护理人员的薪酬待遇，按照护理人员的技能等级分配相应的薪资标准，调动护理人员的工作积极性。同时，重视社会工作者和志愿者队伍的重要性，集合社会力量，壮大整支护理队伍的力量。

五、建立多渠道筹资机制

依托基本医疗保险基金划拨，缺乏多渠道筹资机制，是安徽省长期护理保险制度存在的主要问题之一。医疗保险属于短期支出项目，而长期护理保险属于长期支出项目，特别是在我国人口老龄化不断加剧的形势下，需要探索多渠道的筹资机制，以保障制度本身的独立性。在长期护理保险制度设立初期，利用资金划转的方式来填充资金空白具有一定的可行性；但随着长期护理保险制度的发展，应逐步将其从医疗保险体系中独立出来，建立相对独立、互助共济、责任共担的长期护理保险多渠道筹资机制。实现长期护理保险基金多渠道筹资，需要明确各方筹资责任，特别要强调个人的缴费义务，增强费用意识。相关研究表明，安徽省乃至全国企业社会保险缴费负担偏重，社会保险缴费率偏高，建立长期护理保险制度也会对其造成较大压力。因此在长期护理保险筹资时不应再强调企业的缴费责任，而是以全民参保的形式，参保人员每年缴纳固定保险费。此外，还可以通过福利公益金、社会捐赠等渠道筹措资金。

第六章　安徽社会救助发展研究

第一节　社会救助：概念界定与项目安排

“社会保障”（Social Security）、“社会保险”（Social Insurance）、“社会救助”（Social Assistance）与“社会福利”（Social Welfare）等概念及其制度安排，是近代以来随着公民社会、市场经济、工业文明尤其是宪政民主等现代文明要素的出现而出现的。在前近代社会，或者国家状态不发达，人们普遍生活在宗族、村社、采邑、行会、教会中，接受上述各种“小共同体”的慈善与救济；或者国家以绝对主义民族君主国（欧洲中世纪晚期）、专制王朝的形式存在，所谓的“福利”往往是特权者的专利品，普通人很难享受。到了近代市场经济社会，“契约自由、公平交易、自由竞争”原则虽然得以落实，但“福利”往往是强者对弱者的一种恩惠，因此往往带有“劣等资格”“强迫劳役”和“属地管辖”等权利不平等的色彩。只是随着工会自组织权利、普选权、宪政民主化进程的实现，“社会保障”“社会保险”“社会救助”与“社会福利”等，才成为公民不可剥夺的权利（Right）和政府不可推卸的责任（Responsibility或Duty）之统一体。

从国际比较看，智利、新加坡所谓的“社会保障”往往指“强制储蓄”，它几乎没有再分配（取富益贫）功能，因此市场化色彩最强、公益性色彩最弱。美国所说的“社会保障”（美式英语的Social Security）有了公共性的二次分配特征，但仍然是狭义的社会保障，通常仅仅指社会保险中的“养老金”。欧洲国家所说的“社会保障”是广义的社会保障，包括养老、医疗、失业甚至教育等，因此市场化色彩最弱、公益性色彩最强。而我国使用的“社会保障”一词，甚至比欧洲的用法还要广泛，十七大报告指出，我国的社会保障体系是“以社会保险、社会救助、社会福利为基础，以基本养老、基本医疗、最低生活保障制度为重点，以慈善事业、商业保险为补充”，因此不仅包含了政府部门的公共财政安排，而且涉及市场化的商业保险、社会化的公益慈善事业。

在社会保障体系结构中，社会救助处于最低层次，它面向的主要是天然禀赋最弱势的社会成员，为他们提供最基本的生存保障，见表6-1所列。与市场化的商业保险、强制储蓄型的社会保险（如智利、新加坡模式）相比，社会救助有以下三个特点。第一，“受益”与“天然禀赋的弱势程度”完全对称。只有经过一定形式的社会经济调查，证明救助对象是由于某种天然禀赋的弱势（如残障、孤寡、疾病等）而陷入生存困境的，才可能获得社会救助；而且，救助对象的受益程度与弱势程度成正比。第二，“受益”与“缴纳”完全不对称。由于社会救助的接受对象是社会弱者，所以社会救助不以接受者预先支付一定费用作为受助前提，资金全部由财政拨款或由社会捐助。第三，再分配力度很强。既然受益与缴纳完全不对称（甚至成反比），而与天然禀赋的弱势程度成正比，因此取富益贫的程度（即再分配力度）非常高。

表6-1 社会救济与强制储蓄、社会保险的区别

类型	强制储蓄	社会保险	社会救济
针对原因	偏好（选择）	运气（每个人面临的不确定性、风险）	天然禀赋
运作方式	100%个人账户	个人账户+社会统筹	100%社会统筹
支付与受益关系	完全对等	不完全对等	完全背离
公平与效率关系	完全效率	效率+公平	完全公平
再分配程度	无	弱	最强

我国社会救助的管理归属于民政部门，除了社会救助之外，民政机构还负责管理社会福利、优抚安置、民间慈善等事务。如图6-1所

示，就社会救助而言大致包括以下项目：最低生活保障制度，医疗救助制度，临时救助制度，流浪救助制度，特困人员救助供养制度，等等。

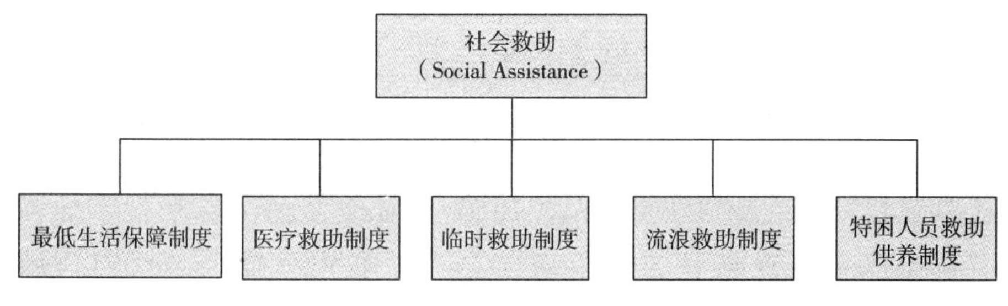

图 6－1　社会救助的基本项目

第二节　社会救助的基本项目：现状与问题

如果说社会保障制度是社会安全的“最后一道防线”的话，那么，社会救助制度就是社会保障制度的“最后一道防线”，更是衡量一个社会公平正义的底线。要夯实这一底线，政务公开、权力透明是关键。2016 年是推动政务公开力度特别大的一年，从年初两会的“部长通道”，到“闪亮登场”的国务院客户端，再到一大批政务公开“大 V”的涌现，政务公开的制度化建设初显成效，而政府对舆情的回应越来越及时，无疑对于公共情绪具有一定的减压作用。习近平总书记指出，政务公开是法治政府建设的一项重要制度，要以制度安排把政务公开贯穿政务运行全过程，权力运行到哪里，公开和监督就延伸到哪里。李克强总理强调，要深入推进政务公开，“公开是惯例，不公开是例外”，尤其是涉及公众利益的措施、财政预算收支情况等，都应该加大公开力度，让群众像扫二维码一样清清楚楚、一览无余。而这些要求，不仅点明了政务公开对于改革的重要意义，同时也为政府部门指出了进一步做好政务公开工作的新方向。为了落实 2016 年 11 月 10 日国务院《〈关于全面推进政务公开工作的意见〉实施细则》，2017 年 3 月，《安徽省全面推进政务公开工作实施细则》出台，规定，政府公文办理将增设公开属性审查环节，重要会议要向公众代表“敞开大门”；对涉及群众切身利益、影响市场预期和突发公共事件等重点事项，要及时发布信息；政策解读方面，各级政府和部门主要负责人是“第一解读人”和“第一新闻发言人”；作为政府信息公开的第一平台，民政机构的网站建设将更加注重集群效应，并向移动端拓展；实施细则还要求，各市、县政府梯次推进已建成的政府网站在 2018 年底前迁移到全省平台，加强信息资源整合，完善政府网站布局。总之，细化举措，让权力在阳光下运行，成为本年度民政工作的重中之重。

一、最低生活保障制度

最低生活保障制度是国家对家庭人均收入低于当地政府公告的最低生活标准的人口给予一定现金资助，以保证该家庭成员基本生活所需的社会保障制度。

在制度规范方面，第一，完善“因病支出型”贫困居民最低生活保障制度。在主要内容方面，明确保障范围，明确认定条件，明确申请程序，明确救助标准；在保障措施方面，加强组织领导，确保政策落实，加强督促检查，做好制度衔接。第二，建立“乡镇（街道）干部包村（居）、村（居）委干部包户”走访联系制度。确定重点对象为分散供养的特困人员、孤儿、困境儿童、城乡低保 A 类人员中的原“三无”对象、重度残疾人，采取定期走访、因户施策、提升质量、宣传政策等相关办法，加强组织领导、能力建设、督促指导、跟踪反馈等措施，在 2017 年 7 月底前，以市为单位，汇总所辖区域各乡（镇、街道）落实情况，上报省民政厅社会救助处。第三，调整提高城乡低保标准。城市低保标准应比 2016 年增长 5%左右，农村低保标准应比 2016 年增长 8%左右（不低于 3450 元/年）；同步调整提高低保对象月人均补助水平，并适度扩大保障面，坚决防止虚假提标现象发生，对低保家庭中的 A 类、B 类人员，按不低于其本人获得低保补助水平的 30%、20%分类别增发保障金，切实缓解其家庭困难。第四，建立困难群众主动发现、综合施策、托底救助机制。在主动发现困难群众方面，实行县、乡镇（街道）、村（居）委会三级联动；定期摸底排查，做到“镇不漏村、村不漏户、户不漏人、人不漏项”；分类建立台账，将困难群众分为一、二、三等类别，分类分项建立台账，实行卡片化管理；落实走访联系，对重点困难群众要确定包保干部，并以救助服务提示卡等方式，将乡镇包保干部、包村干部、民政办工作人员、村民政专干及县级社会救助部门等联系方式向社会公布。在综合救助方面，精准识别救助需求、因人因户综合施策、加强制度统筹衔接。第五，加强农村乡（镇）村（居）基层民政服务能力建设。构建“一个中心、两个平台、三级网络”的基层民政服务格局，健全乡镇民政工作机构，配强乡镇民政工作力量，加强村居民政工作力量，提升服务手段，落实经费保障，严格规范管理，强化能力培训。从2017年6月起，对此项工作的推进实行月报告、季通报、10月底总结上报机制。

（一）分月情况

2017年安徽省城乡最低生活保障制度分月统计情况（1—11月），见表6-2所列。

表6-2　2017年安徽省城乡最低生活保障分月统计情况

月份	城乡低保人数（万人）		低保标准（元）		补助水平（元）		资金支出（万元）	
	城市	农村	城市	农村	城市	农村	城市	农村
1月	54.7294	147.383	493.71	3735	419	226.35	22936	33360.3
2月	53.8545	146.1496	496.38	3772	390	221.5	20985	32372.9
3月	53.5458	145.5182	496.38	3804	389	228.05	20820	33185.7
4月	53.2966	147.0673	499.04	3803	391	241.93	20853	35579.4
5月	52.6934	146.8158	501.71	3854	396	240.2	20854	35264.5
6月	52.3069	149.8169	504.59	3879	399	246.19	20865	36884.1
7月	51.3319	149.3038	522.37	4183	403	244.37	20668	36484.7
8月	50.2237	148.311	526.75	4269	427	289.06	21457	42870.6
9月	49.2251	147.7195	527.64	4270	422	284.06	20768	41960.6

（续表）

月份	城乡低保人数（万人）		低保标准（元）		补助水平（元）		资金支出（万元）	
	城市	农村	城市	农村	城市	农村	城市	农村
10 月	48.6998	149.9505	527.93	4289	437	266	21274	39887.4
11 月	47.0578	151.7459	527.93	4289	479	294.02	22539	44616.3
汇总	51.54226（平均）	148.162（平均）	511.3118（平均）	4013.364（平均）	413.8182（平均）	252.8845（平均）	234019（加总）	412466.5（加总）

（二）城乡比较

如果把表 6 - 2 中的城乡低保人数、补助水平进行比较，如图 6 - 2 所示。

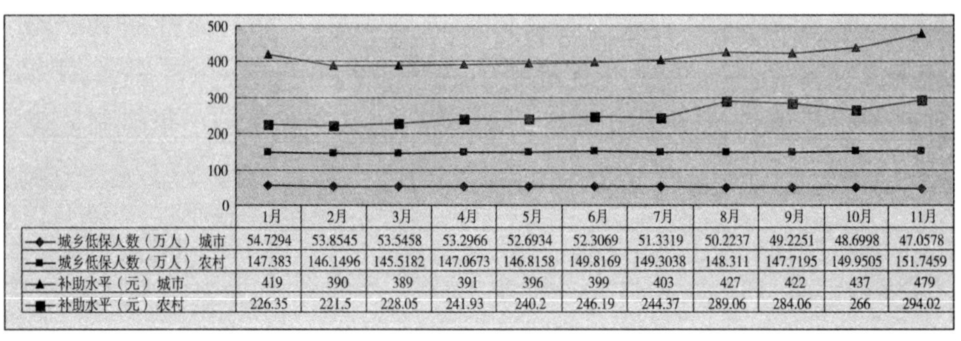

	1月	2月	3月	4月	5月	6月	7月	8月	9月	10月	11月
城乡低保人数（万人）城市	54.7294	53.8545	53.5458	53.2966	52.6934	52.3069	51.3319	50.2237	49.2251	48.6998	47.0578
城乡低保人数（万人）农村	147.383	146.1496	145.5182	147.0673	146.8158	149.8169	149.3038	148.311	147.7195	149.9505	151.7459
补助水平（元）城市	419	390	389	391	396	399	403	427	422	437	479
补助水平（元）农村	226.35	221.5	228.05	241.93	240.2	246.19	244.37	289.06	284.06	266	294.02

图 6 - 2　2017 年安徽省城乡最低生活保障比较

通过城乡最低生活保障情况的对比，可以总结以下规律。

第一，贫困人口数量基本稳定，城市贫困人口有下降趋势，而农村贫困人口有上升趋势。从 11 个月份的统计趋势看，城乡低保覆盖的贫困人口数量变化不大，从年初到年终基本持平。但城乡略有区别：城市贫困人口从 1 月份的 54.7294 万到 6 月份的 52.3069 万，再到 11 月份的 47.0548 万，略有下降；而农村贫困人口从 1 月份的 147.383 万到 6 月份的 149.8169 万，再到 11 月份的 151.7459 万，略有上升。

第二，最低生活保障的补助水平有所上升。城市低保的补助水平从 1 月份的人均 419 元到 6 月份的 399 元，再到 11 月份的 479 元；农村低保的补助水平从 1 月份的人均 226.35 元到 6 月份的人均 246.19

元，再到 11 月份的人均 294.02 元。

第三，农村贫困人口的数量明显高于城市贫困人口，但农民的低保待遇却明显低于市民。农村贫困人口的数量大部分月份接近城市贫困人口的 3 倍；相反，城市贫困人口所获得的低保待遇（补助水平）却接近农村人口的 2 倍。

（三）省内比较

如果把安徽省内每个地区共计 11 个月份的城乡低保情况首先进行平均，然后进行分地区比较，可以得出图 6－3。

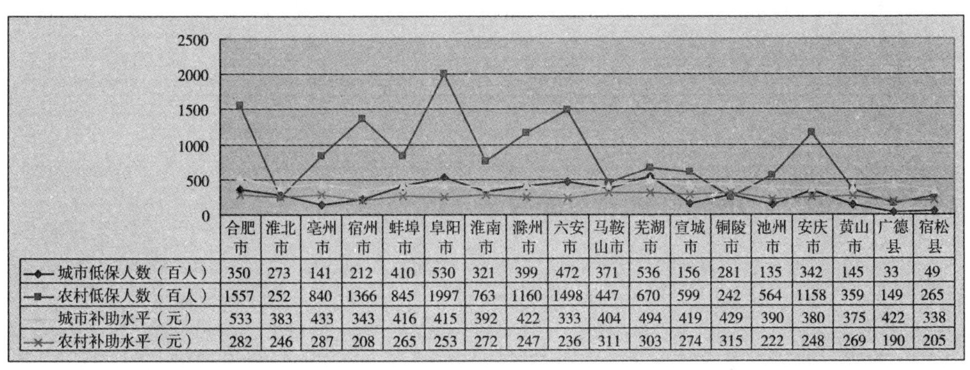

	合肥市	淮北市	亳州市	宿州市	蚌埠市	阜阳市	淮南市	滁州市	六安市	马鞍山市	芜湖市	宣城市	铜陵市	池州市	安庆市	黄山市	广德县	宿松县
城市低保人数（百人）	350	273	141	212	410	530	321	399	472	371	536	156	281	135	342	145	33	49
农村低保人数（百人）	1557	252	840	1366	845	1997	763	1160	1498	447	670	599	242	564	1158	359	149	265
城市补助水平（元）	533	383	433	343	416	415	392	422	333	404	494	419	429	390	380	375	422	338
农村补助水平（元）	282	246	287	208	265	253	272	247	236	311	303	274	315	222	248	269	190	205

图 6－3　2017 年安徽省各地区城乡最低生活保障比较

通过各地市城乡最低生活保障情况的对比，可以得出：

就低保人口而言，在各地市中（排除广德县和宿松县），城市低保覆盖的贫困人口最高的是阜阳市（5.3 万人），最低的是池州市（1.35 万人），前者是后者的 3.93 倍；农村低保覆盖的贫困人口最高的同样是阜阳市（19.97 万人），最低的是铜陵市（2.42 万人），前者是后者的 8.25 倍。

就低保补助水平而言，在各地市中，城市低保补助水平最高的是合肥市（533 元/人），最低的是六安市（333 元/人），前者是后者的 1.6 倍；农村低保补助水平最高的是铜陵市（315 元/人），最低的是宿州市（208 元/人），前者是后者的 1.51 倍。

（四）纵向比较

如果把安徽省 2015 年（1—11 月）、2016 年（1—11 月）与 2017

年（1—11 月）的城乡低保情况进行比较，可以得出图 6 - 4。

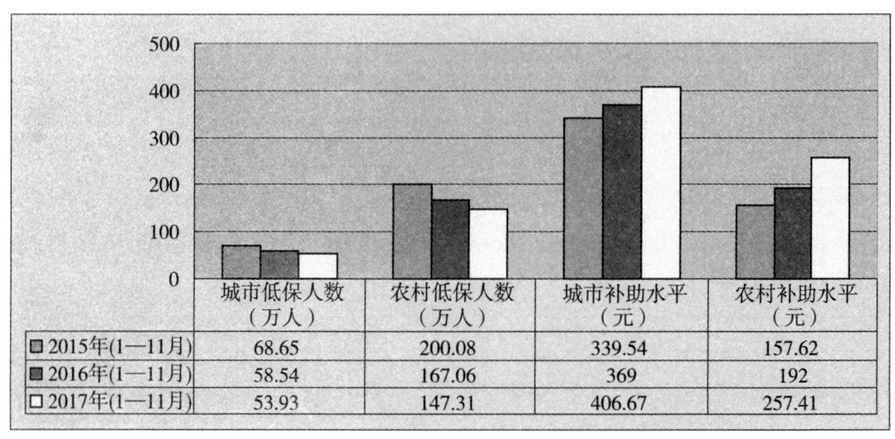

	城市低保人数（万人）	农村低保人数（万人）	城市补助水平（元）	农村补助水平（元）
2015年(1—11月)	68.65	200.08	339.54	157.62
2016年(1—11月)	58.54	167.06	369	192
2017年(1—11月)	53.93	147.31	406.67	257.41

图 6 - 4　2015、2016、2017 年安徽省城乡最低生活保障比较

通过最近三年最低生活保障情况的对比，可以得出：

就低保人口（全年平均值）而言，城乡低保覆盖的贫困人口均有所下降。城市低保覆盖的贫困人口从 2015 年的 68.65 万人，下降到 2016 年的 58.54 万人，再下降到 2017 年的 53.93 万人，三年减少了 14.72 万人；农村低保覆盖的贫困人口从 2015 年的 200.08 万人，下降到 2016 年的 167.06 万人，再下降到 2017 年的 147.31 万人，三年减少了 52.77 万人。

就低保补助水平（全年平均值）而言，城乡低保补助水平均有所提高。城市低保补助水平从 2015 年的 339.54 元/人，提高到 2016 年的 369 元/人，再提高到 2017 年的 406.67 元/人，三年增加了 67.13 元/人；农村低保补助水平从 2015 年的 157.62 元/人，提高到 2016 年的 192 元/人，再提高到 2017 年的 257.41 元/人，三年增加了 99.8 元/人。

考虑到 2017 年前三季度（1—9 月份）安徽省财政收入 3793.9 亿元，增长 12.1%，同比高 3.2 个百分点。而前三季度，CPI（居民消费价格指数）同比上涨 1.2%，比全国低 0.3 个百分点，涨幅同比下降 0.5 个百分点。因此，财政收入的增长和居民生活成本的提高，使得我省的城乡低保补助水平仍然有上升的需要和落实的空间。

二、临时救助制度

临时救助是政府对遭遇突发事件、意外伤害、重大疾病或其他特殊原因导致基本生活陷入困境，其他社会救助制度暂时无法覆盖或救助之后基本生活暂时仍有严重困难的家庭或个人给予的应急性、过渡性的救助，是构建和夯实困难群众基本生活安全网的兜底措施。临时救助一般实行“一事一救”的原则，对符合条件的救助对象，可采取发放临时救助金、发放实物、提供转介服务等方式予以救助。

在制度规范方面，为进一步规范临时救助审核审批工作，发挥临时救助制度在脱贫攻坚工作中的兜底性作用，根据《国务院关于全面建立临时救助制度的通知》（国发〔2014〕47号）、《中共安徽省委安徽省人民政府关于坚决打赢脱贫攻坚战的决定》（皖发〔2015〕26号）和《安徽省关于全面建立临时救助制度的通知》（皖政秘〔2015〕23号），结合安徽省实际，省民政厅、省财政厅制定了《安徽省临时救助工作操作规程》。救助对象方面，分为家庭对象（“急难型”困难家庭与“支出型”困难家庭）与个人对象两大类，并规定了不予临时救助的六种情况。救助方式方面，采取发放临时救助金、发放实物和提供转介服务三种方式。救助标准方面，参照当地城市低保月保障标准，采取一次性救助的方式。其中，对于“急难型”困难家庭，户均救助标准不低于当地城市低保月保障标准的2倍；对于“支出型”困难家庭，分为两类：对重特大疾病患者家庭，可视相关医疗保险补偿和医疗救助后个人自付费用给予救助，鼓励各地按照个人自付费用分段分档进行救助，救助标准原则上控制在当地城市低保月保障标准的2～10倍；对因子女教育费用负担过重造成生活困难的家庭，可视子女就读中小学、中高职、高等教育情况，结合教育费用按类别给予比例或定额一次性救助，救助标准原则上控制在当地城市低保月保障标准的2～6倍。对于个人对象，一般给予实物救助或提供转介服务，实物救助标准以满足救助对象基本生活需要为限。救助程序方面，首先是居民申请，其次是乡镇人民政府（街道办事处）受理、审核，最后是县（市、区）人民政府民政部门审批。对于急难型困难对象的临时救助，乡镇人民政府（街道办事处）、县级人民政府民政部门应简化审批手续，采取直接受理申请、直接审批、先行救助、补办手续等做法，为困难对象提供及时救助。管理保障方面，县级人民政府民政部门负责临时救助档案管理工作；各县（市、区）人民政府民政部门要逐步建立困难对象数据库，对本辖区内困难家庭和个人进行登记备案、动态监测；鼓励、支持企业和社会力量参与临时救助，发挥社会力量在对象发现、专业服务、发动募捐等方面的作用；各地要研究制定政府购买临时救助的具体办法，充分运用市场机制，加强基层救助能力建设；各地民政部门要加大临时救助对象确认、审核审批、公开公示等；财政部门要强化救助资金规范使用管理。

（一）分季度情况与年度比较

安徽省 2015、2016 与 2017 年临时救助的分季度情况（第一～第三季度），见表 6－3 所列。

表 6－3 2015、2016 与 2017 年安徽省临时救助分季度实施情况

		第一季度	第二季度	第三季度	汇总
临时救助户次数（户）	2015 年	38000	55000	89000	60667（平均）
	2016 年	36285	61124	86561	61323（平均）
	2017 年	36757	66160	90199	64372（平均）
救助水平（元）	2015 年	1254	1297	1300	1293.13（平均）
	2016 年	1480	1489	1684	1605.64（平均）
	2017 年	1691	1658	1695	1681.333（平均）
资金支出（万元）	2015 年	4767	7134	11634	23535（加总）
	2016 年	5515	9448	14576	29539（加总）
	2017 年	6215	10968	15292	32475（加总）

通过比较，不管是在 2015 年度、2016 年度还是在 2017 年度，每一个季度都比上一季度的临时救助户次数（户）有所增加；同时，每一个季度也都比上一季度的救助水平（元）有所提高。对于同一季度的不同年份而言，同样如此，即 2017 年度比 2016 年度、2016 年度比 2015 年度的同季度临时救助户次数（户）有所增加，救助水平（元）

也有所提高。

把 2015、2016 与 2017 年安徽省临时救助分年度实施情况进行分别汇总，如图 6-5 所示。

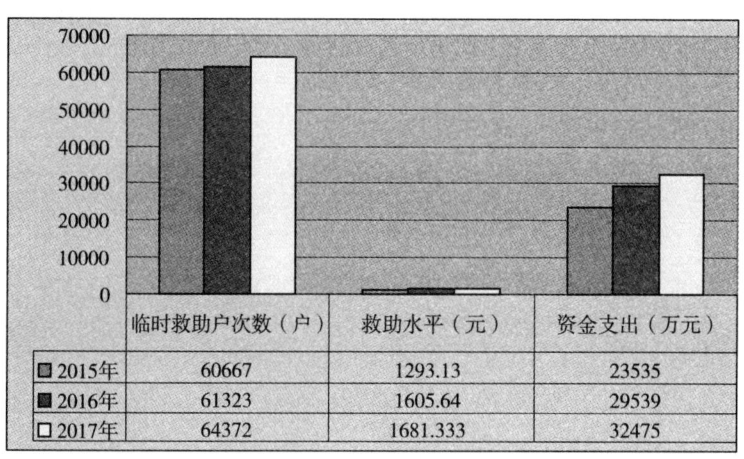

图 6-5　2015、2016 与 2017 年安徽省临时救助实施情况比较

由上图可知，比起 2015、2016 年，2017 年因基本生活陷入困境而受到临时救助的户次数有所上升，从 2015 年的 60667 户，上升到 2016 年的 61323 户，再上升到 2017 年的 64372 户，三年来增加了 3705 户。当然，救助水平也有一定的上升，从 2015 年的 1293.13 元/人，上升到 2016 年的 1605.64 元/人，再上升到 2017 年的 1681.333 元/人，三年来增加了 388.203 元/人。

（二）省内比较

把安徽省内每个地区共计 3 个季度的临时救助情况首先进行平均，然后进行分地区比较，可以得出图 6-6。

通过各地市临时救助实施情况的对比，可以得出：

就临时救助的户次数而言，在各地市中（排除广德县和宿松县），最高的是六安市（8012 户），最低的是淮北市（954 户），前者是后者的 8.4 倍。

就救助水平而言，在各地市中，最高的是亳州市（2905 元/人），最低的是阜阳市（1113 元/人），前者是后者的 2.61 倍。

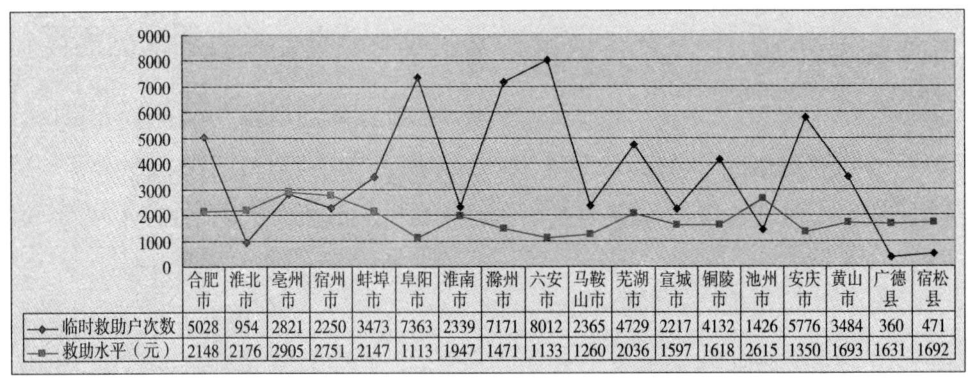

	合肥市	淮北市	亳州市	宿州市	蚌埠市	阜阳市	淮南市	滁州市	六安市	马鞍山市	芜湖市	宣城市	铜陵市	池州市	安庆市	黄山市	广德县	宿松县
临时救助户次数	5028	954	2821	2250	3473	7363	2339	7171	8012	2365	4729	2217	4132	1426	5776	3484	360	471
救助水平（元）	2148	2176	2905	2751	2147	1113	1947	1471	1133	1260	2036	1597	1618	2615	1350	1693	1631	1692

图 6－6　2017 年安徽省各地市临时救助实施情况比较

值得注意的是，在全省各个地市中，临时救助的户次数与救助水平呈现最大差距的是阜阳市和六安市，即户次数全省最高，而救助水平全省最低；与之相反，即户次数全省最低，而救助水平全省最高，是淮北市和池州市。

三、医疗救助制度

医疗救助制度是国家为缓解城乡低保、农村“五保”等低收入困难群众“看病难”的问题而建立的一项救助制度，与城镇职工基本医疗保险、城镇居民基本医疗保险和新型农村合作医疗共同构成了我国的基本医疗保障体系。

在制度规范方面，2017 年 1 月 16 日，民政部、财政部、人力资源和社会保障部、国家卫生和计划生育委员会、保监会、国务院扶贫办联合发布了《关于进一步加强医疗救助与城乡居民大病保险有效衔接的通知》，5 月 5 日，安徽省民政厅、安徽省财政厅、安徽省人力资源和社会保障厅、安徽省卫生和计划生育委员会、安徽省保监局、安徽省扶贫开发领导小组办公室通过了《安徽省医疗救助与城乡居民大病保险有效衔接实施方案》。保障对象衔接方面，在资助困难群众参加基本医疗保险工作的基础上，拓展重特大疾病医疗救助对象范围，对经大病保险报销后仍有困难的重点救助对象、建档立卡贫困人口、低收入对象（低收入家庭的老年人、未成年人、重病患者、重度残疾人）、因病致贫家庭重病患者等困难群众实施重特大疾病医疗救助。支付政策衔接方面，在落实大病保险倾斜性支付政策的基础上，提高重特大疾病医疗救助水平，落实县级行政区域内困难群众住院“先诊疗后付费”的程序，实施分级转诊和异地就医先诊疗后付费的结算机制。经办服务衔接方面，规范医疗费用结算程序，加强医疗保障信息共享，民政、扶贫、人力资源和社会保障、卫生计生等部门和大病保险承办机构相互协作，签订信息共享协议，相互开放接口，实现系统无缝对接，准确核算大病保险和医疗救助费用报销基数，有效落实“保险在先、救助在后”的结算程序；探索通过政府购买服务等方式，支持具备开展“一站式”结算条件的大病保险承办机构参与医疗救助经办服务。监督管理衔接方面，强化服务运行监管，做好绩效评价工作，民政部将会同相关部门采取“两随机、一公开”、委托第三方等方式对各地工作开展情况实地抽查。2017 年 2 月 28 日，安徽省民政厅、安徽省财政厅、安徽省扶贫办、安徽省卫生计生委、安徽省人社厅联合发布《安徽省城乡医疗救助实施办法》，救助对象方面，分为最低生活保障对象，特困供养人员，农村建档立卡贫困人口，低收入家庭的老年人、未成年人、重病患者、重度残疾人，因病致贫家庭重病患者等。救助范围方面，对低保对象、特困供养人员和贫困人口不设病种限制，对救助对象经城乡基本医疗保险、大病保险和各类补充医疗、商业保险等（以下简称“各种保险”）补偿及优抚医疗补助后，仍难以负担的合规医疗费用给予医疗救助。救助方式方面，资助参合参保、实施住院救助、规范门诊救助。救助的申请、审批程序方面，推行定点医疗机构即时结算医疗救助费用办法；低保对象、特困供养人员和低收入医疗救助对象，凭相关证件和证明材料到开展即时结算的定点医疗机构就医，所发生的医疗费用，应由医疗救助基金支付的，由定点医疗机构或保险经办机构按协议先行垫付，救助对象只需支付自负部分；因病致贫家庭重病患者以及当地政府规定的其他特殊困难人员，在申请医疗救助时，须持相关证件和证明材料，到户籍所在地乡镇（街道）社会救助服务窗口提出书面申请，并出具本年度的诊断病历和必要的病史证明材料；规范医疗救助台账，建立信息准确、数据完善的救助花名册，实时掌握医疗救助基金收支情况。基金筹集管理方面，医疗救助基金通过财政安排、专项彩票公益金、社会捐赠等渠道筹集；各级财政部门对城乡医疗救助基金实行分账核算，专款专用；各地应坚持“量入为出、年度平衡”的原则，对救助对象实施及时救助；各级财政、民政部门要加强基金使用管理，对存在虚报冒领、挤占挪用、贪污浪费等违纪违法行为的，按照有关法律法规严肃处理。

（一）分月情况

表 6－4 反映的是 2017 年安徽省医疗救助制度分月统计情况。

表 6－4　2017 年安徽省医疗救助制度分月统计情况

月份	资助参合参保人数（万人）	资助参合参保标准（元）	直接救助（万人）	重点对象救助比例（%）	资金支出（万元）
1 月	64.9794	150	11.5103	70	22788.51
2 月	71.2972	150	20.2239	70	31323.14
3 月	83.1731	150	35.5224	70	41272.15
4 月	87.6158	150	52.4723	70	51424
5 月	72.7347	150	75.1970	70	61535
6 月	80.7033	150	100.5964	70	74627.64
7 月	94.9086	150	122.6242	70	88030.75
8 月	105.0951	150	145.4102	70	100562
9 月	193.5303	150	168.3631	70	112812
10 月	335.9269	150	152.1033	70	131635
11 月	402.7300	150	170.6818	70	159818
汇总	144.7904（平均）	150	95.882264（平均）	70	875828.2（加总）

由上表可知，2017 年安徽省医疗救助的人数上升趋势很快。就资助参合参保人数而言，从 1 月份的 64.9794 万人上升到 6 月份的 80.7033 万人，再上升到 11 月份的 402.73 万人，总共增加了

337.7506 万人；就直接救助人数而言，从 1 月份的 11.5103 万人上升到 6 月份的 100.5964 万人，再上升到 11 月份的 170.6818 万人，总共增加了 159.1715 万人。

（二）纵向比较

如果把安徽省 2015 年（1—11 月）、2016 年（1—11 月）与 2017 年（1—11 月）的医疗救助实施情况进行比较，可以得出图 6－7。

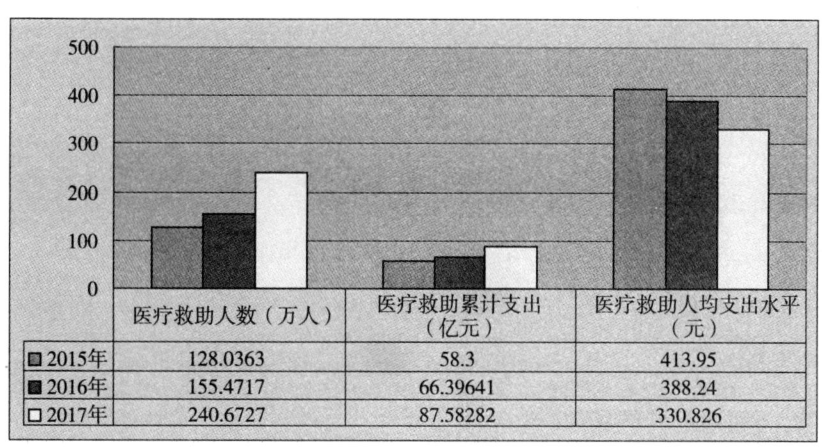

图 6－7　2015、2016 与 2017 年安徽省医疗救助实施情况比较

通过最近两年医疗救助情况的对比，可以得出：

就医疗救助人数（全年平均值）而言，有所上升：从 2015 年的 128.0363 万人，上升到 2016 年的 155.4717 万人，再上升到 2017 年的 240.6727 万人，三年来增加了 112.6364 万人。就医疗救助累计支出而言，随之增加：从 2015 年的 58.3 亿元，上升到 2016 年的 66.39641 亿元，再上升到 2017 年的 87.58282 亿元，三年来增加了 29.28282 亿元。就医疗救助人均支出水平（全年平均值）而言，反而有所下降：从 2015 年的 413.95 元，下降到 2016 年的 388.24 元，再下降到 2017 年的 330.826 元，三年来下降了 83.124 元。

（三）省内比较

把安徽省内每个地区共计 11 个月份的医疗救助情况首先进行平均，然后进行分地区比较，可以得出图 6－8。

通过各地市医疗救助情况的对比，可以得出：

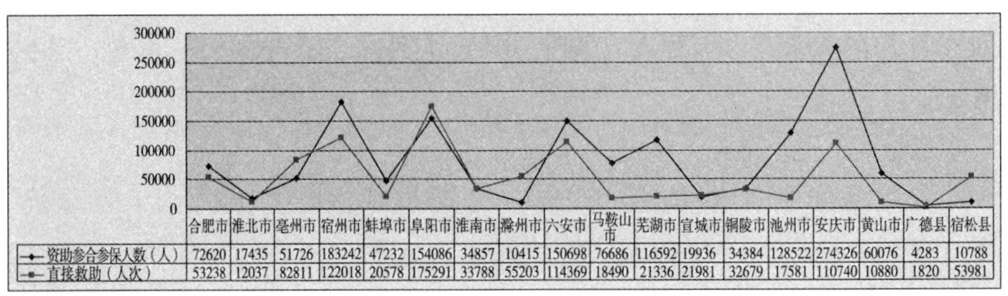

	合肥市	淮北市	亳州市	宿州市	蚌埠市	阜阳市	淮南市	滁州市	六安市	马鞍山市	芜湖市	宣城市	铜陵市	池州市	安庆市	黄山市	广德县	宿松县
资助参合参保人数（人）	72620	17435	51726	183242	47232	154086	34857	10415	150698	76686	116592	19936	34384	128522	274326	60076	4283	10788
直接救助（人次）	53238	12037	82811	122018	20578	175291	33788	55203	114369	18490	21336	21981	32679	17581	110740	10880	1820	53981

图 6-8　2017 年安徽省各地区医疗救助情况比较

就资助参合参保人数而言，在各地区中（排除广德县和宿松县），最高的是安庆市（274326 人），最低的是滁州市（10415 人），前者是后者的 26.34 倍。

就直接救助人数而言，在各地市中（排除广德县和宿松县），最高的是阜阳市（175291 人），最低的是黄山市（10880 人），前者是后者的 16.11 倍。

四、特困人员救助供养制度

城乡老年人、残疾人以及未满 16 周岁的未成年人，同时具备以下条件的，应当依法纳入特困人员救助供养范围：无劳动能力；无生活来源；无法定赡养、抚养、扶养义务人或者其法定义务人无履行义务能力。

在特困人员认定方面，2017 年 7 月 3 日，根据《安徽省人民政府关于贯彻落实〈社会救助暂行办法〉的实施意见》（皖政〔2014〕83 号）、《安徽省人民政府关于进一步健全特困人员救助供养制度的实施意见》（皖政〔2016〕102 号）、民政部《特困人员认定办法》（民发〔2016〕178 号）及国家、省相关规定，制定了《安徽省特困人员认定办法》。认定条件方面，对于无劳动能力、无生活来源、无法定赡养、抚养、扶养义务人或者其法定义务人无履行义务能力等做了详细规定。申请及受理方面，对于申请材料、乡镇人民政府（街道办事处）、村（居）民委员会的责任做了相关规定。审核方面，乡镇人民政府（街道办事处）可视情组织民主评议，在村（居）民委员会协助下，对申请人书面声明内容的真实性、完整性及调查核实结果的客观性进行评议，公示期为7天，公示期满无异议的，乡镇人民政府（街道办事处）应当将审核意见连同申请、调查核实、民主评议等相关材料报送县级人民政府民政部门审批。对公示有异议的，乡镇人民政府（街道办事处）应当重新组织调查核实，在20个工作日内提出审核意见，并重新公示。审批方面，县级人民政府民政部门应当全面审查乡镇人民政府（街道办事处）上报的申请材料、调查材料和审核意见，根据审核意见和公示情况，按照不低于50％的比例随机抽查核实，并在20个工作日内做出审批决定。

在特困人员供养机构改革方面，2017年9月8日，安徽省民政厅、安徽省机构编制委员会办公室、安徽省发展改革委员会、安徽省人力资源和社会保障厅、安徽省卫生和计划生育委员会、安徽省食品药品监督管理局、安徽省公安消防总队联合出台了《关于推进特困人员供养机构改革发展的指导意见》。法人登记方面，符合《事业单位登记管理暂行条例》规定条件的，应依法申请和办理事业单位法人登记，解决当前公办特困人员供养机构法人地位不明确的问题。已转型的特困人员供养机构，其管理运营主体已进行工商或民办非企业登记的，其法人登记不变。在确保国有资产不流失的前提下，鼓励积极推进法人登记改革。依法办理许可方面，依据养老机构设立许可办法、消防安全、医疗卫生、食品安全、无障碍设施等相关标准和规范，加快现有公办特困人员供养机构消防、医疗、食品安全设施设备以及坡道、电梯、公厕等与老年人日常生活密切相关的公共设施改造，限期解决相关消防、食品经营等许可问题。到2017年12月30日前，各市特困人员供养机构取得养老机构设立许可要达到60％，到2018年7月30日前全部取得养老机构设立许可。资源整合方面，到2017年底，每个县（市、区）要依托县级社会福利中心等现有资源，统筹整合至少1所区域性特困供养机构，统一集中管理。到2018年底，每个县（市、区）根据失能、半失能特困供养人员具体情况设立3所区域性特困供养机构或确保失能、半失能特困人员供养需求，对失能、半失能特困供养人员，在自愿的前提下全部实行集中供养。保障职能方面，每年开展1～2次特困人员供养需求调查，乡镇民政所要建立特困人员需求调查台账，支持身体条件较好、生活能够自理的特困人员选择分散供养，并建立定期走访联系制度。医疗服务方面，积极主动协调卫生计生部门，利用乡镇卫生院的医疗资源，到2017年底，床位在150张以上，或入住人员超过50人的特困人员供养机构，全部设立医务室或护理站，符合条件的按规定纳入基本医疗保险定点医疗机构协议管理范围。2017年底全省全面落实特困供养人员护理补贴制度，积极探索开展长期护理保险试点，探索建立长期护理保险制度，并做好护理补贴和长期护理保险的政策统筹衔接。运营管理方面，对社会力量已参与公办特困人员供养机构管理服务的，要进一步规范操作办法，细化程序，明确各方权责和监管事项，并完善相关运营管理制度，保障供养对象权益，保护国有资产安全。服务评估方面，建立完善服务对象入院评估机制，准确把握服务对象身体、心理状况及服务需求，科学提供专业服务，跟踪评估服务效果，提升服务的科学性、针对性。依据《安徽省农村五保供养服务机构等级评定工作实施办法》，全面实施第三方绩效评价，完善相关制度，公开评价结果并注重结果运用。能力建设方面，完善薪酬、绩效、职称评定等激励机制，按规定落实特困供养机构人员社会保险制度，进一步提高工资福利待遇。鼓励特困人员供养机构开发养老服务公益性岗位和社工岗位，支持通过购买服务等形式引进专业人才，提升服务水平，到2018年底，各市特困人员供养机构的取得相关专业资格的工作人员比例要达到50%。

在特困人员供养机构规范化管理方面，2017年11月13日，安徽省民政厅制定了《安徽省特困人员供养机构管理工作细则》和《安徽省特困人员供养机构安全工作规范》。在安全教育（安全形势、安全法规、安全常识等基本内容和预防犯罪、内部关系以及心理健康教育等专业内容）、安全组织、安全制度、安全预防、安全责任等方面进行了详细的规定。

（一）分月情况

2017年安徽省特困人员救助供养的分月情况，见表6-5所列。

表 6－5　2017 年安徽省特困人员救助供养分月情况

月份	供养人数（人）			供养标准（元/月/人）		累计发放农村五保补助资金（万元）
	总数	分散	集中	分散	集中	
3 月	403449	302227	101222	388	552	46848
4 月	402133	303927	98206	376	558	68167
5 月	401973	300478	101465	381	555	77495
6 月	401052	299969	101053	387	555	82454
7 月	401837	303917	97890	397	566	97797
8 月	401837	303917	97890	397	566	97797
9 月	401496	308498	92998	411	583	123023
10 月	402665	313459	89206	425	607	157702
11 月	401977	313544	88433	441	620	174914
总计	402047（平均）	305548（平均）	96485（平均）	400（平均）	574（平均）	926197（加总）

由上表可知，2017 年全省特困人员救助供养的总人数基本保持稳定，其中，分散供养人数略有上升，而集中供养人数略有下降。供养标准稳中有升，就分散供养而言，从 3 月份的 388 元/月/人，到 6 月份的 387 元/月/人，再到 11 月份的 441 元/月/人；就集中供养而言，从 3 月份的 552 元/月/人，到 6 月份的 555 元/月/人，再到 11 月份的 620 元/月/人。反映在累计发放资金方面，上升趋势更加明显。

（二）纵向比较

如果把安徽省 2015、2016 与 2017 年的供养人数情况进行比较，可以得出图 6－9。

就农村“五保”供养人数（年度平均值）而言，从 2015 年到 2017 年，总人数略有减少，从 424355 人到 402047 人，减少了 22308 人。其中，集中供养人数大幅度减少，从 152191 人到 96485 人，减少了 55706 人；而分散供养人数大幅度增加，从 272164 人到 305548 人，增加了 33384 人。

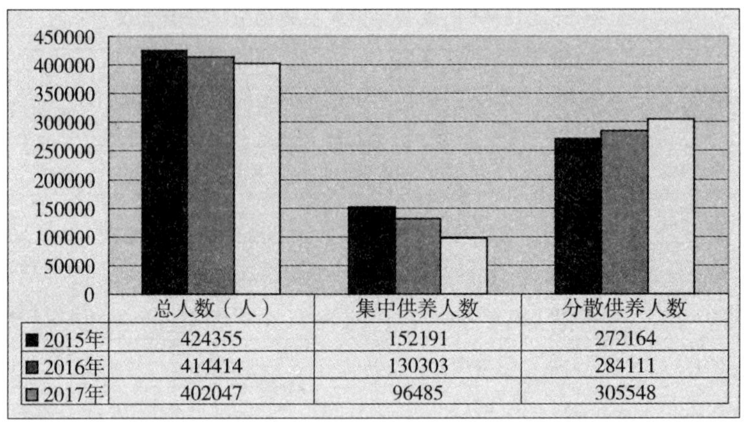

图 6-9　2015、2016 与 2017 年安徽省特困人员救助供养人数情况比较

（三）省内比较

如果把安徽省内每个地区共计 9 个月份的农村“五保”供养情况首先进行平均，然后进行分地区比较，可以得出图 6-10 与图 6-11。

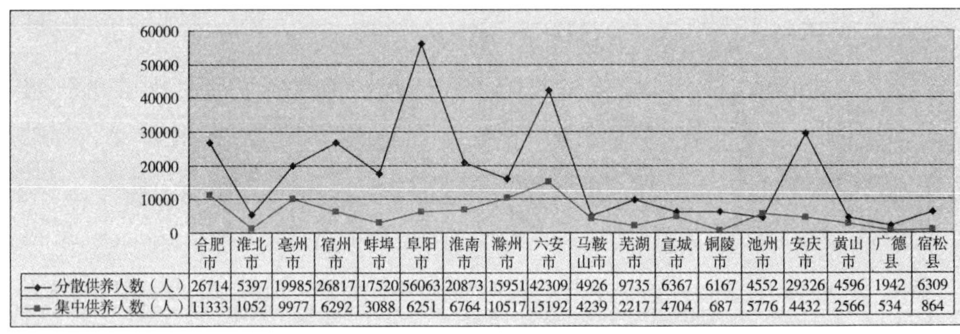

图 6-10　2017 年安徽省特困人员救助供养人数比较

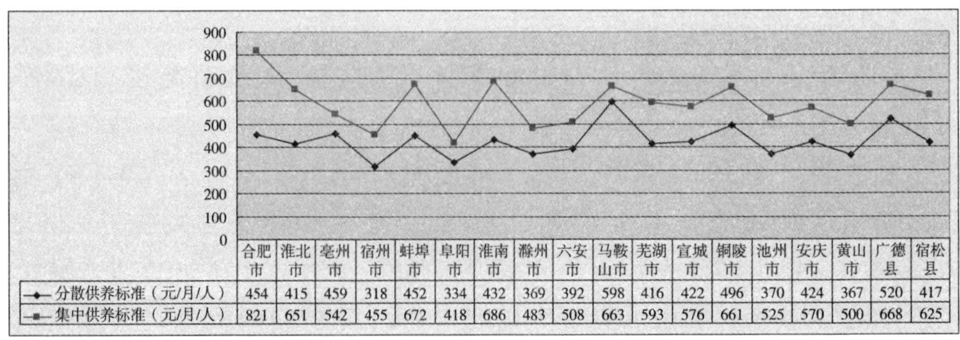

图 6-11　2017 年安徽省特困人员救助供养标准比较

就分散供养人数而言，在各地市中（排除广德县和宿松县），最高的是阜阳市（56063 人），最低的是池州市（4552 人），前者是后者的 12.32 倍。

就集中供养人数而言，在各地市中，最高的是六安市（15192 人），最低的是铜陵市（687 人），前者是后者的 22.11 倍。

就供养总人数而言，在各地市中，最高的是阜阳市（62314 人），其次是六安市（57501），最低的是淮北市（6449 人），前者是后者的 9.66 倍。

就分散供养标准而言，在各地市中（排除广德县和宿松县），最高的是马鞍山市（598 元/月/人），最低的是宿州市（318 元/月/人），前者是后者的 1.88 倍。

就集中供养标准而言，在各地市中，最高的是合肥市（821 元/月/人），最低的是阜阳市（418 元/月/人），前者是后者的 1.96 倍。

五、流浪救助制度

在专项救助方面，2016 年 11 月至 2017 年 3 月，安徽省民政厅在全省部署开展了“寒冬送温暖”专项救助行动。据全国救助管理信息系统显示，专项救助行动期间，全省各地救助管理机构共救助 21141 人次，其中站外救助 6685 人次。另据不完全统计，各地出动救助车辆逾 6000 台次，发放棉被 1700 余床，提供御寒衣物 6000 余件（双、套），饮食 3082 件（箱）。2017 年春节来临前，省民政厅又和安徽电视台经视频道合作，连续制作三期受助人员救助返乡节目，真实记录马鞍山等地救助管理机构护送受助人员返乡工作情况，扩大了专项救助行动影响力。专项救助行动期间，省民政厅还加大了流浪乞讨人员寻亲服务工作力度，各地救助管理机构利用今日头条精准定位、弹窗推送技术发布受助人员寻亲信息，至 2017 年 3 月 31 日共通过该渠道发布寻亲信息 808 条，成功寻亲 163 人，发布量和成功量都位居该公益项目全国民政系统第一名。

在孤儿档案管理方面，安徽省民政厅会同省档案局制定《安徽省孤儿档案管理办法》，自 2017 年 5 月 1 日起施行。

在政府与公益组织合作方面，2016 年 7 月 4 日，民政部社会事务司和“今日头条寻人”公益项目正式签署合作协议，创建“互联网+救助寻亲”的新模式。根据协议，全国 2041 个救助管理机构可借助今日头条 7 亿海量用户和先进定位技术，通过精准定位推送帮助受助对象寻找家人。

（一）分月情况

2017 年安徽省流浪救助分月情况（1—11 月），见表 6-6 所列。

表 6-6 2017 年安徽省流浪救助分月情况

月份	救助量					滞留安置人员（人次）	累计使用救助资金（万元）	每人次使用救助资金（元/人次）
	目标任务（人次）	实际救助（人次）	站内救助（人次）	站外救助（人次）	完成情况（%）			
1—3 月	110000	19429	11765	7229	17.66	3145	2766.625	1424
4 月	110000	27794	16503	11291	25.27	2964	3808.068	1370
5 月	110000	38622	24029	14593	35.11	2804	4738.572	1227
6 月	110000	48318	28652	19666	43.93	2845	6165.407	1276
7 月	110000	57524	32280	25244	52.29	2728	7805.16	1357
8 月	110000	70337	37724	32613	63.94	2865	9003.861	1280
9 月	110000	80776	44066	36710	73.43	2911	10125.53	1254
10 月	110000	91141	48747	42413	82.86	2909	11056	1213
11 月	110000	104575	53145	51430	95.07	2873	12204.52	1167

由上表可知，2017 年全省流浪救助的人数呈现显著上升的趋势，就实际救助人次而言，由 19429 人次上升到 104575 人次，增加了 85146 人次。其中，站内救助人次由 11765 人次上升到 53145 人次，增加了 41380 人次；站外救助人次由 7229 人次上升到 51430 人次，增加了 44201 人次，增长更为明显。完成情况也由 17.66% 上升到 95.07%，增加了 77.41%。滞留安置人员相对保持稳定，由 3145 人次下降到 2873 人次，减少了 272 人次。就救助资金而言，虽然累计使用救助资金有明显上升趋势，从 2766.625 万元上升到 12204.52 万元，

增加了 9437.9 万元；但是，每人次使用救助资金反而有所下降，从 1424 元/人次下降到 1167 元/人次，减少了 257 元/人次。

（二）省内比较

如果把 2017 年安徽省各地区前 11 个月的流浪救助情况首先进行平均，然后进行比较，可以得出图 6－12。

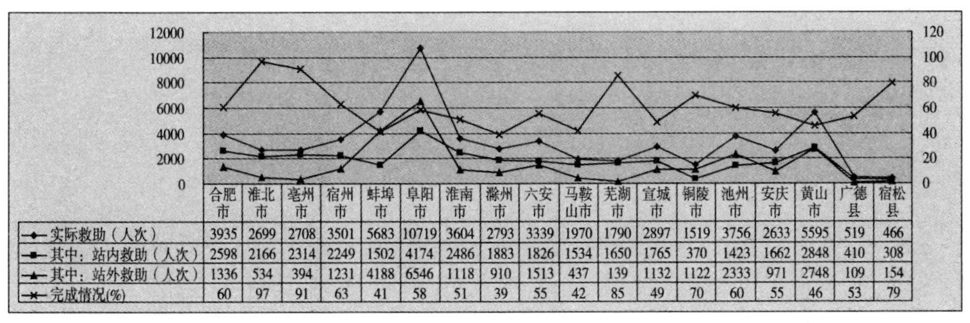

	合肥市	淮北市	亳州市	宿州市	蚌埠市	阜阳市	淮南市	滁州市	六安市	马鞍山市	芜湖市	宣城市	铜陵市	池州市	安庆市	黄山市	广德县	宿松县
实际救助（人次）	3935	2699	2708	3501	5683	10719	3604	2793	3339	1970	1790	2897	1519	3756	2633	5595	519	466
其中：站内救助（人次）	2598	2166	2314	2249	1502	4174	2486	1883	1826	1534	1650	1765	370	1423	1662	2848	410	308
其中：站外救助（人次）	1336	534	394	1231	4188	6546	1118	910	1513	437	139	1132	1122	2333	971	2748	109	154
完成情况(%)	60	97	91	63	41	58	51	39	55	42	85	49	70	60	55	46	53	79

图 6－12　2017 年安徽省各地区流浪救助情况比较（1—11 月）

通过各地区流浪救助情况的对比，可以得出：

就站内救助人数而言，在各地市中（排除广德县和宿松县），最高的是阜阳市（4174 人次），最低的是铜陵市（370 人次），前者是后者的 11.28 倍。

就站外救助人数而言，在各地市中，最高的是阜阳市（6546 人次），最低的是芜湖市（139 人次），前者是后者的 47.1 倍。

就救助总数而言，在各地市中，最高的仍然是阜阳市（10719 人次），最低的是铜陵市（1519 人次），前者是后者的 7.06 倍。

就完成情况而言，完成情况最高的是淮北市（97%），完成情况最低的是滁州市（39%），前者比后者高出 58 个百分点。

（三）国内比较：以全国寻亲前十位排名情况为例

2017 年 4 月 12 日，全国各地救助管理机构共通过今日头条新闻客户端发布了 6000 余条寻亲信息，成功帮助 1292 名走失人员与家庭“破镜重圆”。据 2017 年 3 月 1 日至 3 月 31 日的全国各地救助站“寻亲数据排行榜”显示，全国各省各地救助管理站通过“今日头条”发布的寻亲信息就已达 1249 条，一月内成功帮助 231 名受助人员找到家人，全国寻亲成功率达 18.5%。其中，安徽省“寻亲信息发布”在全国各省份居首位，达 120 条，占全国发布例的 10%；“寻亲成功人数”在全国各省份也居首位，达 31 人，占全国成功人数的 13.42%。在安徽省省内救助站信息发布排名中，占据前五位的分别是颍上县（发布 15 例）、利辛县（发布 8 例）、合肥市（发布 6 例）、宿州市（发布 5 例）、太和县（发布 5 例），主要集中在皖北地区。

从 2016 年 7 月 4 日，民政部社会事务司和“今日头条寻人”公益项目正式签署合作协议，创建“互联网＋救助寻亲”的新模式，直到 2017 年 7 月 4 日的整整一年时间，头条寻人共发布来自全国各地救助管理机构的寻亲信息 10331 条，成功帮助 2042 名受助人员回家，全国寻亲成功率达 19.8%。这也意味着，每通过头条寻人发布 100 条寻亲信息，便有近 20 人能通过头条寻人找到家人。具体排名情况，如图 6－13与图 6－14 所示。

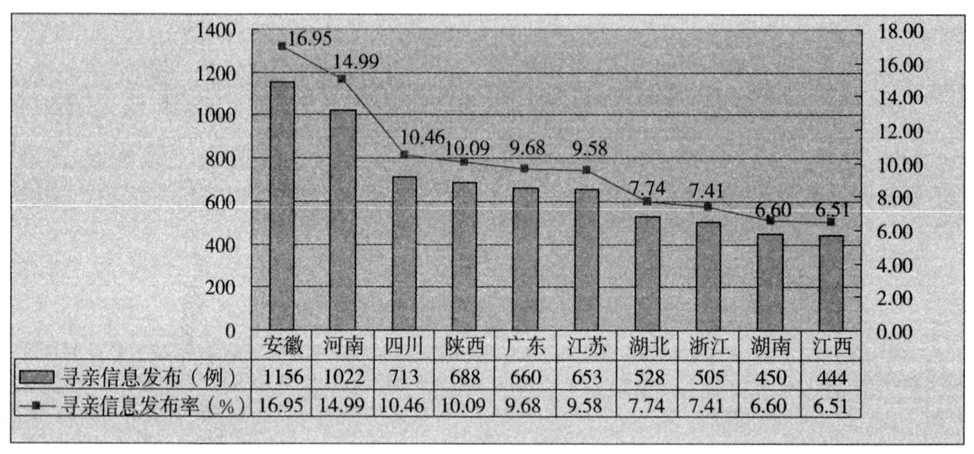

图 6－13　2016 年 7 月 4 日—2017 年 7 月 4 日全国寻亲信息发布情况

图 6－13 显示，全国各省救助管理机构通过头条寻人发布寻亲信息最多的省份，前 10 名分别为：安徽 1156 条，河南 1022 条，四川 713 条，陕西 688 条，广东 660 条，江苏 653 条，湖北 528 条，浙江 505 条，湖南 450 条，江西 444 条。按照寻亲信息发布率排行，安徽省居首位（16.95%），比排名第 10 的江西省（6.51%）高出 10.44 个百分点。

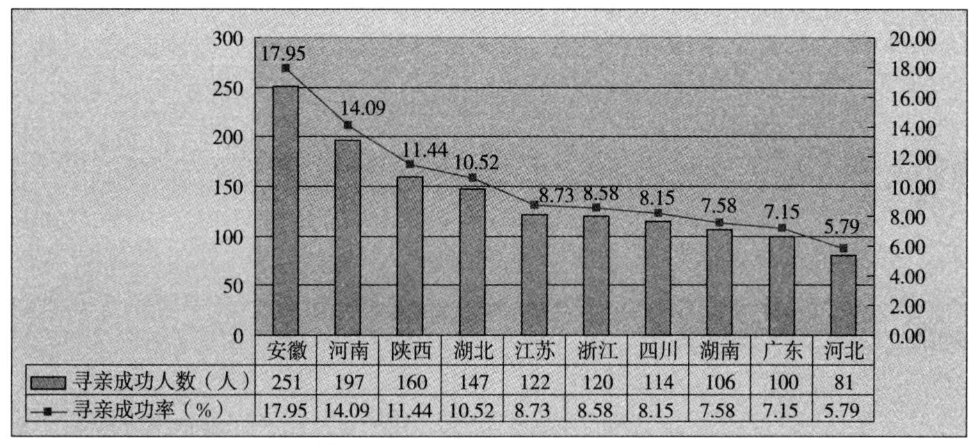

	安徽	河南	陕西	湖北	江苏	浙江	四川	湖南	广东	河北
寻亲成功人数（人）	251	197	160	147	122	120	114	106	100	81
寻亲成功率（%）	17.95	14.09	11.44	10.52	8.73	8.58	8.15	7.58	7.15	5.79

图 6－14　2016 年 7 月 4 日～2017 年 7 月 4 日全国寻亲成功情况

图 6－14 显示，救助管理机构联手头条寻人成功寻亲人数最多的省份，前 10 名分别为：安徽 251 人，河南 197 人，陕西 160 人，湖北 147 人，江苏 122 人，浙江 120 人，四川 114 人，湖南 106 人，广东 100 人，河北 81 人。按照寻亲成功率排行，安徽省居首位（17.95%），比排名第 10 的河北省（5.79%）高出 12.16 个百分点。

第三节　对策建议：理念、资金与结构

一、救助理念：从“恩赐”到公民权利与政府责任

现代意义上的言论、结社、财产自由，与现代意义上的社会救助，区别也仅仅在于前者是公民的“消极权利”（Negative rights）——又被称为否定的权利、拒绝的权利，而后者是公民的“积极权利”（Positive rights）——又译为肯定的权利、要求的权利，也即罗斯福著名的“四大自由”中“免于匮乏的自由”；但它们的共同之处在于，都是现代公民的基本权利，而非政府的权力或恩赐。因此，政府如果提供了社会救助，公民是不必感恩戴德的——因为不是政府官员自掏腰

包做超义务的慈善奉献，而是公民尽纳税的义务，用税金雇佣公仆、支付服务费用之后，获得享受公共服务的基本权利，何来感恩之说？反过来，如果政府不提供社会救助（或者没有达到先前的承诺标准），公民是可以向政府问责的——因为“取之于民”时，已经承诺必须“用之于民”，这就是政府的公共责任，而责任（Responsibility 或 Duty）是许诺者无法随意推卸的。

目前，不仅在作为救助方的一部分政府官员那儿，而且在作为受助方的部分百姓那儿，甚至是部分的专家学者，都仍然没有彻底摆脱传统的救助理念。必须要认识到，现代的社会救助，绝不是在上者对在下者、强者对弱者单方的“善意弄权”或“恩赐”，而是现代公民不可剥夺的基本权利，同时，也是现代政府无法推卸的基本公共服务责任。

二、救助资金：从政府单方面的“收钱”与“用钱”到“取之于民，用之于民”

现代意义上的政治规则，统治者的权力必须来自民众的授予（治权民授），在公民社会和现代国家之间，建立起公共契约关系，因此，政府的权力受到限制、责任也可以追问，进而在整个社会层面都表现出“权责对称”的现象：要求政府提供公共服务与社会保障是公民的权利，向政府纳税是公民的义务；与之相对应的是，征税是政府的权力，提供相应的公共品是政府的责任。表现在社会救助领域，在救助资金的来源方面，“无代表，不纳税”“税权法定”成为惯例，“征税”必须要经过公民及其代议士（人大、国会等立法机构）的同意，而不能由少数统治者或财税机关说了算，因此避免了横征暴敛式的“化私为公”；在救助资金的去向方面，“无公开，不支出”“预算民主”成为常规，政府对民众的救助责任必须在公众的监督下公开进行（而不是暗箱操作或选择性公开），而民众也有各种合法化的渠道对政府进行免于恐惧的公共问责（而不是无能为力或担心秋后算账），因此避免了贪占挪冒式的“化公为私”。

目前，不仅在救助资金的来源而且在去向方面，都仍然没有彻底摆脱“税权非法定，预算非公开”的传统财政规则，因此也难以完全避免若干传统弊端。对此，官方、民间尤其是学界已经开始关注，在立法进程上也已经启动。必须要认识到，现代的救助资金，绝不是政府单方面的“收钱”与“用钱”，而是在公共立法（即“前面是‘人大’控制着钱袋子”)、司法审查（即“后面是法院拿着手铐子”)、公民社会监督（媒体作为第四种权力的监督以及各种公民监督组织等等，即“四面八方是人民群众雪亮的眼睛”）等多元化环境下的“取之于民，用之于民”。

三、福利结构：从“负调节”到“正调节”

现代意义上的社会结构，是以公民权利为本位的“公民社会＋民主政府”之二元同构，在横向层面，立法、行政、司法、媒体及各种公民社会组织，形成权力分立与制衡机制；在纵向层面，中央与地方、地方与地方之间也存在各自的决策范围，在相对独立、自治的环境中建立起联合结构；纵横交织，共同形成多元化的权力分立与制衡机制。以权力分立、相互制衡为特征的社会中，不管是在官僚科层制内部还是官民之间，往往不是以服从更高层权力而是以服从共同的宪政法治为准绳，因此权力越大则约束越多、责任越大；反之，权力越小则责任越小。这种社会结构中，在初次分配领域，贫富之间的收入差距可能比中央集权社会要大得多。然而，经过财政性的二次分配以后，贫富之间的差距比初次分配阶段要小：一方面，在整个支出结构当中，民生性福利支出占比非常高，即民生性福利支出＞经济建设性支出＞行政管理性支出；另一方面，更重要的是，在福利性支出结构中，出现“越贫者福利越多，越富者福利越少”的“正调节”现象，反映在数值上，就是二次分配降低了初始分配产生的基尼系数。

目前，不仅在福利支出的比重/规模而且尤其在福利结构方面，都仍然没有彻底摆脱“比重过小、结构畸形、权力本位、功能反向”的传统福利规则，因此也难以完全避免加剧社会不公（而非为社会减震）的传统弊端。对此，官方与学界（尤其是财政与社会保障等专业学术领域）关注的并不多，重“收入”而轻“支出”、重“具体险种”而轻

“宏观结构”、重“单项政策研究”而轻（甚至回避）“制度变革”、重“福利病”而轻“特权病”的现象并没有根本改观。必须要认识到，现代福利结构的形成，只能建立在以公民权利为本位的基础上；向弱者倾斜的现代福利结构，只能以传统特权的消除为前提。只有如此，福利才不会成为加剧收入分化与社会不公的振荡器，而真正回归到风险减震器与社会安全网的本质上来！

第七章　安徽精准扶贫发展研究

第一节　安徽精准扶贫概况综述

2013 年 11 月，习近平总书记在湖南调研时提出“精准扶贫”重要思想，标志着我国的扶贫工作进入了一个新的阶段；2016 年 4 月 22 日，习近平同志来到安徽省金寨县花石乡大弯村考察群众脱贫情况时指出，要通过精准扶贫，使得老少边穷地区特别是集中连片贫困地区早日脱贫。为了切实落实中央的指示，确保在 2020 年实现贫困人口全部脱贫、贫困县全部摘帽的伟大目标，安徽省做出了诸多努力。下文将对 2016 年安徽省扶贫领域的概况进行梳理和总结。

一、安徽省情与贫困概况

从区位上看，安徽位于中国的中部地区，地处长江、淮河中下游，土地面积 13.94 万平方公里。地形大体可划分为淮北平原、江淮丘陵以及皖南山区三大自然地形区域。从行政区划上看，现有 16 个地级市，62 个县（县级市）区。截至 2017 年末，全省共有户籍人口 7027 万，常住人口 6195.5 万人，城镇化率为 52%。安徽的贫困人口较多集中在皖南的大别山区、皖北的沿淮地区（特别是淮北地区）。2016 年安徽省的贫困人口数为 208.1 万人，比 2015 年减少 100.7 万人，贫困发生率由 2015 年的 5.72%降至 2016 年的 3.88%，降低了 1.84 个百分点。目前，安徽省共有 20 个国家扶贫开发工作重点县（大别山片区县 12 个，片区外重点县 8 个）、非片区国家扶贫开发重点工作县 8 个，非片区省级扶贫开发重点工作县 8 个，见表 7－1 所列。

表7-1 20个国家扶贫开发重点县分类情况一览表

县（区）名	类属市别	是否是片区规划县	是否是非片区国家扶贫开发重点工作县	是否是非片区省级扶贫开发工作县
潜山县	安庆市	是	否	否
太湖县	安庆市	是	否	否
宿松县	安庆市	是	否	否
岳西县	安庆市	是	否	否
望江县	安庆市	是	否	否
临泉县	阜阳市	是	否	否
阜南县	阜阳市	是	否	否
颍上县	阜阳市	是	否	否
寿县	六安市	是	否	否
霍邱县	六安市	是	否	否
金寨县	六安市	是	否	否
利辛县	亳州市	是	否	否
颍东区	阜阳市	否	是	否
裕安区	六安市	否	是	否
舒城县	六安市	否	是	否
石台县	池州市	否	是	否
砀山县	宿州市	否	是	否
萧县	宿州市	否	是	否
灵璧县	宿州市	否	是	否
泗县	宿州市	否	是	否
颍州区	阜阳市	否	否	是
颍泉区	阜阳市	否	否	是
界首市	阜阳市	否	否	是
太和县	阜阳市	否	否	是
金安区	六安市	否	否	是

（续表）

县（区）名	类属市别	是否是片区规划县	是否是非片区国家扶贫开发重点工作县	是否是非片区省级扶贫开发工作县
谯城区	亳州市	否	否	是
蒙城县	亳州市	否	否	是
涡阳县	亳州市	否	否	是
埇桥区	宿州市	否	否	是
定远县	滁州市	否	否	是
怀远县	蚌埠市	否	否	是

根据安徽省脱贫攻坚大数据管理平台数据显示，截止 2017 年 9 月 30 日，安徽省仍有贫困人口 2163215 人，已脱贫人口数为 2668014 人；贫困村数量为 2461 个，出列贫困村数量为 3423 个。目前，安徽全省共有精准扶贫帮扶责任人 602001 人，下派驻村工作队 1311 支，共有帮扶单位 45445 个。脱贫攻坚第三方评估结果显示，2017 年共有 96 万贫困人口脱贫，1132 个贫困村出列，4 个申请摘帽贫困县的贫困发生率降至 2%以下。

二、安徽省级层面出台的扶贫相关文件政策汇总

消除贫困是党和政府的伟大使命和光荣责任。在中共中央、国务院《关于打赢脱贫攻坚战的决定》《国务院扶贫办关于进一步克服形式主义减轻基层负担的通知》等文件精神的指引下，安徽省结合本省实际情况，根据省域内贫困特点和实际情况，相继制定并出台了一系列针对健康扶贫、教育扶贫、异地搬迁扶贫、住房扶贫等文件。笔者梳理具体情况如下：

在健康扶贫方面有如下政策文件，2016 年 7 月 26 日省政府下发关于健康扶贫决策部署的《关于健康脱贫工程的实施意见》（皖政办〔2016〕68 号）；关于综合医保的《健康脱贫综合医疗保障实施细则》（皖政办〔2017〕56 号）、《农村贫困人口综合医保资金保障和监督管理暂行办法》（财社〔2016〕1653 号）、《农村贫困人口综合医疗保障

制度实施方案》(卫财秘〔2016〕582号)、《农村贫困人口慢性病及重大疾病保障指导目录》(卫财秘〔2016〕582号)、《农村贫困人口慢性病门诊补充医疗保障实施方案》(皖卫财〔2017〕14号)、《农村贫困人口综合医疗保障"一站式"结算信息系统建设方案》(卫财秘〔2016〕582号);关于大病救治方面的《农村贫困人口分级诊疗办法》(皖卫医〔2016〕25号)、《农村贫困人口大病专项救治工作方案》(卫医秘〔2017〕29号);关于疾病防控方面的《农村贫困人口重点疾病预防控制工作指导方案》(皖卫疾控〔2016〕24号);关于能力建设方面的《三级医院对口帮扶贫困县县级医院工作方案》(卫医秘〔2016〕172号)以及有关健康扶贫组织管理方面的三个文件《健康脱贫行动计划》(皖卫财〔2016〕172号)、《健康脱贫重点工作任务清单》(卫财秘〔2016〕428号)、《健康脱贫工作考核方案》(皖卫财〔2016〕26号)。相关统计数据显示,截至2016年6月底,在建档立卡的贫困人口中,实有患病贫困户74.7541万人,分布在全省16个市、70个县(市、区)、1189个乡镇。

在教育扶贫方面,省教育厅贯彻落实《中共安徽省委安徽省人民政府关于坚决打赢脱贫攻坚战的决定》文件精神,以"学段全覆盖、对象无遗漏、标准最高档、项目可叠加、结果全记录"为目标,全力落实教育扶贫学生资助工作。在职业教育扶贫方面,省扶贫办出台《安徽省切实做好雨露计划职业教育工作的通知》(皖扶办〔2016〕38号)、省粮食局、省发展改革委员会、省教育厅与省扶贫办联合印发《安徽省粮食系统双百贫困生人才培养工程实施方案》(皖粮人联〔2016〕8号)文件,以发挥省内教育资源优势,推动教育扶贫。

统计数据显示,2017年安徽省共发放建档立卡家庭学生资助资金11.35亿元,其中,春季学期资助48万人、5.3亿元;秋季学期资助52.1万人、6.05亿元。具体做法是对建档立卡贫困户家庭学生建立了从学前教育阶段到高等教育阶段的一整套完整的"资助链"。对学前教育的幼儿进行资助,对义务教育阶段的学生免除学杂费、教科书费,并且对寄宿学生给予生活补助(小学生每人每学期500元,初中生每人每学期625元);对普通高中学校和中等职业学校的学生免学费,发放国家助学金；对高等教育阶段的学生发放助学金，协助办理助学贷款[①]。

在异地搬迁扶贫方面，安徽省制定了《关于异地搬迁工程的实施意见》（皖政办〔2016〕5号），“十三五”时期（2015—2020年），安徽省计划搬迁8.3万农村建档立卡贫困人口，分布在28个县市区。异地搬迁扶贫是指通过对生活环境与生态环境恶劣地区的农村建档立卡贫困人口，实施异地迁移以带动其脱贫的一项扶贫开发工程。2016年，国家下达我省异地扶贫搬迁任务为2.8万建档立卡贫困人口，涉及28个县（市、区）。截至2016年末，全省435个集中安置点和9336套安置住房建设均已基本完成，建成安置住房总面积69.7万平方米，人均面积24.9平方米；房屋质量安全得到有效保障；2017年春节前夕，2.8万人基本实现搬迁入住（含交钥匙）的目标。在国家组织开展的2016年异地扶贫搬迁工作成效考核中，我省位列第一，为四个综合评价较好的省份之一。

2017年，国家下达我省搬迁任务为35121人，涵盖25个县（市、区）。省委省政府要求2017年异地扶贫搬迁工程要确保在9月底前完成住房建设任务，年底前完成搬迁入住目标。全省异地扶贫搬迁工作总体进展顺利。至10月底，全省472个安置点、1132套安置住房的建设任务已基本完成；现已搬迁入住1.7万人，预计到年底可全面完成35121人的搬迁入住任务。相较之2016年，今年的工程进展速度显著加快，政策执行更加规范，机制运行更加顺畅，脱贫措施更加扎实。

在住房扶贫方面，安徽省发展改革委员会联合省扶贫办转发了国家发展改革委员会与国务院扶贫办下发的《关于严格控制异地扶贫搬迁住房建设面积的通知》（皖发改代赈〔2016〕127号）、安徽省住房和城乡建设厅下发《关于下达6.09万建档立卡贫困户存量危房改造计划的通知》（建村函〔2017〕1740号）。这些文件明确了农村危房改造

① 对中等学校全日制正式学籍一、二年级建档立卡家庭学生给予每人一年2000元的资助；对全日制本专科在校贫困学生每年发放4000元助学金；纳入全国研究生招生计划的所有全日制研究生（有固定工资收入的除外），硕士生每年资助6000元，博士生每年资助13000元；对符合条件且有贷款意愿的普通高校新生和在校生办理上限为8000元/人/年（普通本专科生）、12000元/人/年（全日制研究生）。

的基本政策和原则，首先 2017 年农村危房改造的对象调整为四类人员[①]，2020 年前按照四类人员执行。在危房改造的补助标准方面，我省执行建档立卡贫困户、低保户、农村分散供养特困人员和贫困残疾人家庭重建房屋均补助 2 万元，修缮加固房屋的贫困户补助 0.6 万元。其他困难户重建房屋均 1 万元，这类人群修缮加固房屋给予 0.4 万元。2017 年调整后的新政策为政府补助金通过"一卡通"直接发放到农户。另外，规定贫困户翻建新建住房面积原则上控制在 40 至 60 平方米以内。建筑面积可根据家庭人口规模适当调整：一人户建筑面积不少于 20 平方米；二人户建筑面积不少于 30 平方米；三人以上户均面积不少于 13 平方米且不超过 18 平方米。此外，文件还强调了县级住房城乡建设部门应加强对工程质量的监管，确保贫困人口住房的质量。

三、安徽各地级市贫困人口及脱贫情况

从表 7-2[②] 可知，2017 年，宣城市贫困人口最少，为 2588 人；阜阳市贫困人口最多，有 508240 人。拥有贫困村最多市为六安市，该市有 447 个贫困村。究其原因，可能与身处大别山区的地理环境有关，部分地区交通不便，影响脱贫。安徽省各地级市贫困人口情况如图 7-1 所示。

表 7-2 安徽十六个地级市贫困人口脱贫情况一览表[③]

地市	贫困人口数量（人）	已脱贫人口数量（人）	贫困村数量（个）	出列村数量（个）
合肥市	19092	193970	19	243
芜湖市	43192	88718	57	60
安庆市	274950	403145	296	387
马鞍山市	11331	21459	27	61
滁州市	89048	111330	107	585

① 四类人员是指居住在危房中的建档立卡贫困户、低保户、农村分散供养特困人员和贫困残疾人家庭（2016 年以前为五类，一般贫困户）。

② 该数据的统计时间段为 2016 年 9 月 30 日至 2017 年 9 月 30 日。

③ 需要注意的是，安徽省脱贫攻坚大数据管理平台里显示的各地贫困人口数是指现有的未脱贫的人数，后面已脱贫人口数是指目前已经脱贫的人数，两者之间不具有逻辑上的对应关系。

（续表）

地市	贫困人口数量（人）	已脱贫人口数量（人）	贫困村数量（个）	出列村数量（个）
阜阳市	508242	516857	434	149
蚌埠市	46242	83819	62	586
宿州市	284758	329755	359	20
六安市	367403	339325	447	514
宣城市	2589	83814	105	238
亳州市	246847	235478	163	246
淮南市	91767	90077	126	180
淮北市	11916	23602	20	2
铜陵市	69196	46854	66	3
黄山市	39288	51549	95	58
池州市	57359	48248	78	91

资料来源：根据安徽省脱贫攻坚大数据管理平台整理而得。

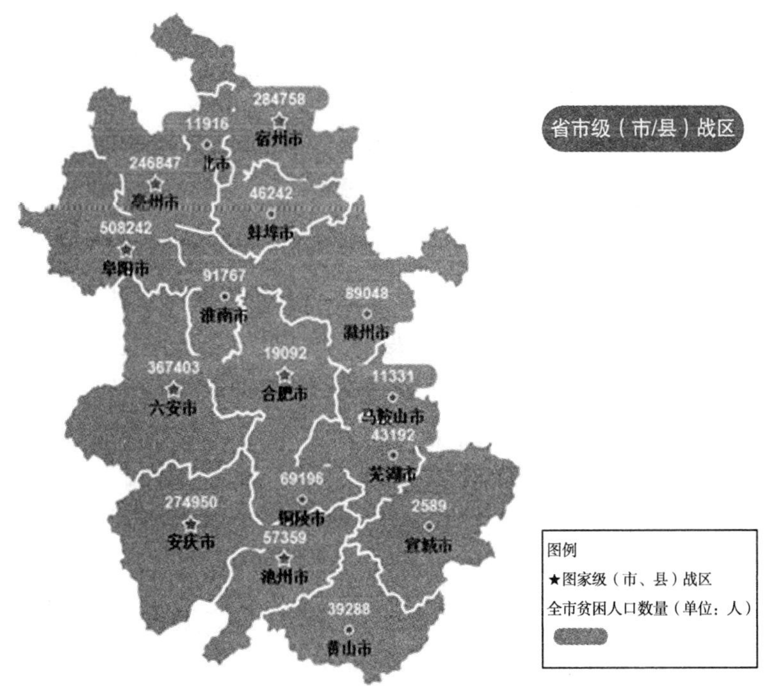

图 7－1　安徽省各地级市贫困人口情况

四、安徽贫困户属性与主要致贫原因分析

(一) 安徽省贫困户的属性

如图 7-2 所示，一方面，2017 年安徽省共有一般贫困户 399166 户，目前已脱贫 10175 户，一般贫困户的脱贫率为 2.55%。另一方面，低保贫困户的数量为 349003 户，目前已脱贫 4927 户；五保贫困户总户数为 159000 户，目前已脱贫 2040 户。

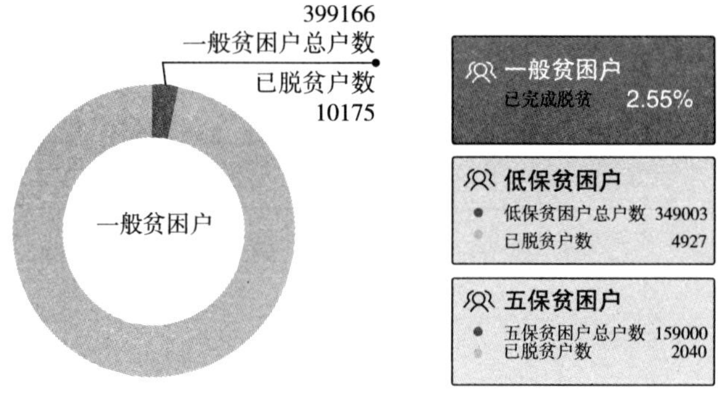

图 7-2 安徽省贫困户的属性

(二) 安徽省贫困户的主要致贫原因分析

如图 7-3 所示，安徽省贫困户主要致贫原因排名前五的是因病（占总贫困户的 44.07%）、缺劳动力（占总贫困户的 15.85%）、因残（占总贫困户的 23.45%）、自身发展动力不足（占总贫困户的 4.68%）、因学（占总贫困户的 2.85%）。其他致贫原因约占总贫困户的 9.1%。

上述贫困户主要致贫原因统计图与笔者在安徽省内的调研情况基本一致。绝大多数农村家庭致贫或返贫的主要原因是因为家中有人患大病。例如，笔者走访的无为县的一位贫困户，家中有四口人，其中两口人在外地打工，虽然生活算不上十分富裕，但是一般过日子毫无问题。2016 年，有两位家庭成员突发重病，家庭突然间断了收入来源，沦为贫困户，只能靠政府兜底供养。大部分残疾人家庭由于缺少健全劳动力而陷入贫困。

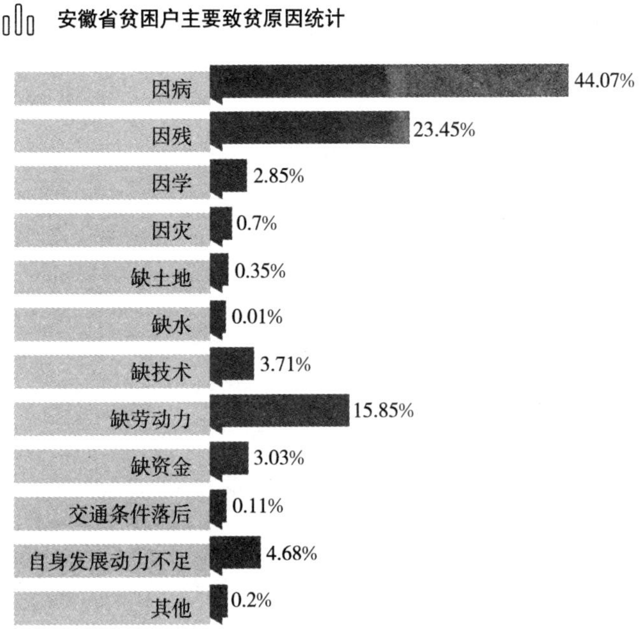

安徽省贫困户主要致贫原因统计

因病 44.07%
因残 23.45%
因学 2.85%
因灾 0.7%
缺土地 0.35%
缺水 0.01%
缺技术 3.71%
缺劳动力 15.85%
缺资金 3.03%
交通条件落后 0.11%
自身发展动力不足 4.68%
其他 0.2%

图 7－3　安徽省贫困户主要致贫原因

第二节　安徽精准扶贫经验启示

正如小岗村开创的包产到户的农村经济体制改革的安徽经验一样，在精准扶贫方面，安徽在坚决贯彻中央关于打赢脱贫攻坚战的宏伟蓝图方面也创造出自身的有益经验。在《安徽省“十三五”脱贫攻坚规划》与《中共安徽省委、省人民政府关于关于坚决打赢脱贫攻坚战的决定》等文件精神的指引下，全省自上而下，广泛动员，将精准扶贫工作如火如荼地开展起来。笔者在广泛收集全省关于精准扶贫的资料、数据的同时，在皖南、皖中、皖北分别选取了三个县（区）[①] 进行实地调研，对当地扶贫部门负责人、基层干部、贫困户等群体进行了深入访谈，发现了一些共性的经验。

① 皖南选取的是芜湖市无为县，皖中选取的是蚌埠市五河县，皖北选取的是亳州市谯城区。

一、产业扶贫促发展

习近平总书记指出："发展产业是实现脱贫的根本之策，把培育产业作为脱贫攻坚的根本出路。"安徽省坚持产业布局要突出重点，覆盖所有扶贫对象；帮扶内容要突出产业链条延伸，提高产业发展水平。引导和支持贫困户依靠自己的双手，立足本地资源，走出一条通过产业扶持，实现精准扶贫、精准脱贫的路子，让发展解决贫困的难题。以笔者调研的无为县为例，该县推行了"36410"的产业扶贫新模式，在全省引起了较好的反响。所谓"36410"产业扶贫模式，"3"是指产业扶贫、就业扶贫、金融扶贫三项联动，拓宽渠道；"6"即将资金、贫困户、特色产业、经营组织、项目与金融"六位一体"，融合推动；"4"是指采取基地带动、家庭作坊、入股分红、自主发展"四种方式"，放大效益；"10"即推进特色种养业和种植业、休闲旅游业、电商服务业等产业扶贫"十大行动"，精准发力，实现了涉贫产业规模提升，贫困村集体经济发展壮大。贫困户由"输血式"向"造血式"转变。

产业扶贫干部有"三怕"：一怕资金用不好有风险，二怕项目建不好担责任，三怕路子选不准难脱贫。我省积极探索如何破解此类问题，推出三大解决机制。一是参与机制。建立贫困群众的参与机制，可有效激发内生动力，改变"等靠要"思想，变被动扶助为主动参与。为此，全省多次组织送技能下乡活动，扶持自主创业，帮助各地贫困户发展种养业、电商服务业等，通过"企业＋贫困户"模式，把贫困户纳入产业化经营链条，等等。二是受益机制。要在全省范围内发挥龙头企业、合作组织、专业大户的先锋模范带头作用，带领贫困户脱贫致富。三是保障机制。全省各个部门要齐心协力，共同为精准扶贫服务。目前，全省到户产业扶贫项目覆盖率接近 90%，累计帮扶超过 11 万贫困劳动者成功就业。

二、医疗扶贫保健康

医疗领域的扶贫（又称健康扶贫），对保障贫困人群的健康意义重大。2016 年 4 月 24 日习总书记在安徽省六安市金寨县调研时指出，因病致贫、因残致贫问题时有发生，扶贫机制要进一步完善措施，在医保、“新农合”方面给予更多扶持。2017 年 2 月 21 日，在中央政治局第三十九次集体学习中，习近平同志谈到，要把因病致贫返贫和住房安全作为攻坚重点，确保在既定时间节点完成脱贫攻坚任务。要落实健康扶贫政策，突出解决贫困家庭、慢性病和学生上学等问题。因病致贫和返贫是农村贫困人口的主要致贫原因，具有一定的普遍性。深度贫困县因病致贫、患慢性病、患大病、因残致贫占比达 80％以上。“新农合”和大病保险制度要对贫困人口实行政策倾斜。我省于 2016 年 7 月发布了《安徽省人民政府关于健康脱贫工程的实施意见》，从综合医保、大病救治、疾病防控、能力提升、组织管理等方面对健康扶贫工程的具体工作进行安排。同年 8 月时任国务院副总理的汪洋同志和刘延东同志分别就我省出台的健康脱贫政策进行批示，给予充分肯定。

全省各地市健全“两免两降四提高[①]”政策，以无为县为例，2017 年县各级财政安排 4315 万元资金用于全县健康脱贫，其中省财政下拨 515 万元，市下拨 300 万元，县财政追加专项资金 3500 万元。贫困人口县域内普通门诊不设补充起付线，镇卫生院和县级、市级、省级医疗机构住院补偿起付线由 150 元、400 元、1500 元、2500 元分别降至 100 元、300 元、500 元、1000 元。实施“351”“180”[②] 的“一兜底一补充”的健康扶贫政策，切实保障贫困户的健康。

三、强化脱贫攻坚领域的组织保障

组织党建工作在脱贫攻坚中意义斐然。安徽省委坚持把脱贫攻坚作为最大的政治任务和民生工程，按照“围绕扶贫抓党建，抓好党建促扶贫”思路，切实把组织优势、组织资源、组织力量转化为脱贫攻

---

① “两免”：贫困人口参加“新农合”（基本医保）个人费用由财政资金全额代缴；实行先诊疗后付费并取消住院预付金；“两降”：降低“新农合”（基本医保）补偿门槛；降低大病保险起付线。“四提高”：提高重大疾病及慢性病保障水平；提高大病保险分段补偿比例，提高医疗救助水平。

② “351”政府兜底是指贫困人员在县级、市级、省级医院就诊个人年度自付费用分别不超过 0.3 万元、0.5 万元、1 万元，剩余合规费用由政府兜底；“180”补充医保是指贫困人员在一个年度内慢性病门诊医药费用经“三保障一兜底”补偿后，剩余合规费用再报销 80％。

坚的发展优势、发展资源、发展力量。省域内各部门下发了《关于切实加强驻村扶贫工作队管理工作的通知》《市县领导班子和主要负责同志脱贫攻坚工作成效考核办法》。目前，安徽全省共有精准扶贫帮扶责任人 602001 人，下派驻村工作队 1311 支，共有帮扶单位 45445 个。组织部门从全省范围内选拔政治觉悟高、业务能力强的干部下派到贫困村担任第一书记兼扶贫工作队队长。部分地区高配选拔副处级干部驻村领导扶贫工作，特别是派遣一些后备干部下村从事扶贫工作，让后备干部在扶贫中得到锻炼与成长。

四、严查扶贫领域的腐败问题

党的十八大以来，中央对腐败问题采取零容忍的态度。十九大之后依然延续着高压反腐的态势。为了严防扶贫领域可能发生的贪腐问题，安徽省相继下发了《全省检察机关、扶贫部门、财政部门集中整治和加强预防扶贫领域职务犯罪专项工作实施方案》《关于在扶贫开发领域预防职务犯罪工作中加强联系配合的意见》《关于进一步加强财政专项扶贫资金使用管理的通知》等文件，严防扶贫领域的纪律“红线”。对群众反映强烈的问题，要及时督办，按期结案，用“精准监督”确保“精准扶贫”顺利实施，切实维护党和政府的形象，永葆党的执政之基。2016 年以来，安徽共查处扶贫领域违纪问题 909 起，有 980 人受到党纪国法的处理。

第三节 安徽精准扶贫问题分析

尽管在全省各部门的努力下，安徽省的扶贫开发工作取得了较好的成绩，但从笔者 2017 年调研走访的情况来看，我省的精准扶贫仍存在以下四个方面的问题。

一、贫困户政策享受不均衡，对政策知晓率较低

近年来，随着全省各项脱贫政策的连续出台，加大了对贫困户的

扶贫力度，由于执行政策时间等因素，造成各地区间2014、2015年已脱贫户与2016年已脱贫户之间出现了政策差异。如2014、2015年已脱贫户不能享受健康脱贫政策，但2016年脱贫户兑现了健康脱贫政策，极易在贫困户群体中产生相对剥夺感，使其对扶贫工作心生不满。在调研中发现，有相当一部分的贫困户对国家层面和省一级的扶贫政策不太了解，知晓率较低。这于大多数贫困人员的文化水平较低（甚至有些贫困户连自己的名字都无法书写）有密切关系。

二、贫困人口自身发展动力不足，脱贫能力较弱

前已述及，我省因病、因残致贫的比例高达67.52%，其中相当一部分是老龄户、单身户、无文化或文化水平较低的贫困户。身体上的缺陷和文化上的贫乏使得这部分弱势群体难以脱贫。现有社会兜底、扶贫小额信贷入股分红、产业奖补等各项政策的提标升级，上少数贫困户产生政策和帮扶依赖性，“等靠要”思想成为影响农民脱贫的阻碍因素。2017年安徽省贫困户主要致贫原因统计调查显示，有4.86%的农民因为自身发展动力不足而沦为贫困户；15.85%的农民是因为家庭缺乏劳动力而成为贫困户。劳动力外流引发了农村空心化、空巢老人和留守儿童等中国乡村社会特有的现象，不利于产业精准扶贫的开展，同时亦加大了健康扶贫的成本（因为老人和儿童是易患病的群体），从而延缓了脱贫攻坚的进程。

三、基层政府应对频繁检查压力较大

众所周知，在中国压力型的政治体制下，官员存在“晋升锦标赛”模式。处于中国行政权力末梢的乡镇承担者大量的事务性工作，基层官员承受巨大的压力。俗话说，“上面千条线，下面一根针”。国家精准扶贫方略的实施需要靠基层政府来落实完成。乡镇干部必须严格执行上级政府施政要求，扶贫工作具有“一票否决”的功能，即只要扶贫工作出现问题，基层政府的官员将会被问责。轻则扣发该年度的绩效奖金，重则会被降职或免职。笔者在调研过程中发现，大多乡镇干部抱怨扶贫工作十分辛苦，“五加二”和“白加黑”的模式已经成为扶

贫工作的常态。每年他们要应付不下于百次的检查，填写大量各种各样的表格，身心疲惫，苦不堪言。

四、乡土社会中的人情交往加剧了农民的经济负担

调研发现，乡土社会中，人情交往花费巨大。梁漱溟认为，中国既非个人主义社会，亦非集体主义社会，而是一个关系社会。在当下的安徽部分农村地区结婚时仍存在高额的彩礼费用，动辄数十万元，使得农民陷入贫困的境地。首先，礼尚往来是中华民族几千年来的传统。“来而不往非礼也”这句古语很好地诠释了乡村社会人际交往的实践过程。中国人素来热情好客，同时也讲究排场、好面子。农村的婚礼通常都会摆上上百桌酒席，这对农民来说是一笔不小的花费。其次，参加亲朋好友的婚丧嫁娶时的随礼花费少则几百元，多则上千元。贺雪峰教授在中部区农村调研发现，农村人情交往中的巨大花费已经成为制约贫困农民脱贫的巨大障碍。

第四节　完善安徽精准扶贫的政策建议

安徽省将以习近平新时代中国特色社会主义思想为指引，对照以人民为中心的发展思想，坚持把脱贫攻坚作为头等大事，坚决贯彻精准扶贫基本方略，下足“绣花”功夫，突出“精准”二字，确保如期完成脱贫任务。

一、加大扶贫政策的宣传力度

针对大多数贫困户对扶贫政策不熟悉和不了解等问题，各级政府应当加强精准扶贫的宣传工作，在利用诸如海报、广播、电视的传统媒体宣传党和国家及安徽省的扶贫政策的同时，要注重利用互联网、微信等新媒体对农村扶贫开发政策进行宣传。此外，要注重对青年贫困群体文化知识和工作技能的教育和培养。贫困村第一书记和扶贫专干要经常深入贫困户中宣传扶贫政策、切实把握贫困人员的思想动态

和利益诉求，真正使这部分人群实现“两不愁和三保障”的目标。

二、切实提高贫困人口脱贫能力

党和政府要通过各种教育和学习途径给予贫困人口学习知识和工作技能的机会。不仅要做到“授人以鱼”，更要做到“授人以渔”，将“输血”式扶贫和“造血式”扶贫相结合，切实提高贫困人口的脱贫能力。例如在五河县调研中发现，该县重视对贫困人口中的青年群体进行职业技术培训，给予他们资金扶持，鼓励其自主创业，摆脱困境。

三、减少扶贫领域不必要的检查及各式各样表格填写

在省内调研中发现，多数基层干部抱怨每年关于精准扶贫的大大小小的检查不计其数，各式各样的表格层出不穷，精准扶贫在一定程度上变成了“精准填表”。要关心乡镇干部的生存状态，给予他们适当的休息调整时间。调研时，一位镇长对笔者说，自从迎接省里面的脱贫攻坚第三方评估检查组的到来，他已经有一个月没有休息日了。试问：基层公务员作为社会主义劳动者的组织部分，他们理应享有法定假日的休息权利。笔者还发现，由于上级对贫困人员各种建档立卡的表格格式要求变动频繁，使得打印表格的次数和数量大幅增加，一个乡镇一年仅扶贫领域的打印表格文件费用高达数百万元，大多数不符合格式要求的表格将会被弃之不用，造成了大量的纸张浪费。此外，随着脱贫攻坚的深入开展，对基层扶贫干部的业务要求逐渐提高，面对不断拓展的扶贫业务，基层干部要强化自身工作的精细化程度。

四、提倡节约光荣的价值理念

勤俭节约是中华民族的传统美德，我们要摒弃农村人情往来中的攀比心理和炫耀性消费，抵制面子文化带来的负面影响。人情费用切勿超出贫困群体的承受范围，不仅要讲人情，亦要算经济账，在首先解决自身“衣食住行”的前提下再去考虑其他大额的消费，切莫因为“人情债”而导致贫困现象的发生以及脱贫的困难。

参考文献

[1] 安徽省扶贫办网站．http：//ahfp. ah. gov. cn.

[2] 安徽省民政厅网站．http：//www. ahmz. gov. cn/Index. html.

[3] 安徽省人力资源和社会保障厅网站．http：//www. ahldt. gov. cn.

[4] 安徽省统计局．安徽省国民经济和社会发展统计公报［R］．2010—2017年．

[5] 安徽省统计局．安徽省统计年鉴［Z］．2012—2017年．

[6] 安徽省统计局网站．http：//www. ahtjj. gov. cn/.

[7] 曹信邦，陈强．中国长期护理保险需求影响因素分析［J］．中国人口科学，2014（8）：102-109.

[8] 曹信邦．中国失能老人公共长期护理保险制度的构建［J］．中国行政管理，2015（7）：66-69.

[9] 常平平．国内外医养融合研究与发展现状综述［J］．当代经济，2016（30）．

[10] 邓大松，郭婷．中国长期护理保险制度构建浅析——以青岛市为例［J］．卫生经济研究，2015（10）：33-37.

[11] 丁少群，陈怡迪．我国长期护理保险的迫切需求及发展方向探索［J］．上海保险，2017（2）：51-54.

[12] 封进．医疗需求与中国医疗费用增长——基于城乡老年医疗支出差异的视角［J］．中国社会科学，2015（3）．

[13] 冯艳．区域贫困测度、识别与反贫困路径选择研究［D］．沈阳：辽宁大学，2015.

[14] 勾兆强．养老机构医养融合：制度困境与实现路径［J］．社会福利：理论版，2016（7）．

[15] 国家统计局网站．http：//www. stats. gov. cn.

[16] 国家统计局住户调查办公室．2015年中国农村贫困监测报告［M］．北京：中国统计出版社，2016.

[17] 贺雪峰．最后一公里村庄：新乡土中国的区域观察［M］．北京：中信集团出版社，2016.

[18] 胡宏伟．中国老年长期护理服务需求评估与预测［J］．中国人口科学，2015（3）．

[19] 黄枫，吴纯杰．基于概率转移模型的老年人长期护理服务需求预测分析［J］．经济研究，2012（12）．

[20] 李胜会，熊璨．社会保障财政支出：城乡效率差异及原因［J］．公共管理学报，2016（3）．

[21] 梁继鸿．安徽省基本医疗保险基金运行现状与可持续发展研究［J］．中国农村卫生事业管理，2015（6）．

[22] 梁漱溟．中国文化要义［M］．上海：上海人民出版社，2005.
[23] 林宝．中国长期护理保险筹资水平的初步估计［J］．财经问题研究，2016（10）：66－70.
[24] 林卡，吕浩然．四种老龄化理念及其政策意蕴［J］．浙江大学学报：人文社会科学版，2016（4）.
[25] 刘昌平，毛婷．长期护理保险制度模式比较研究［J］．西北大学学报，2016（6）：112－119.
[26] 刘石柱，唐怡．医养融合型养老模式下老年人群生命质量的实证分析及影响因素研究［J］．西北人口，2016（6）.
[27] 吕书鹏，吴佳．青岛市长期护理医疗保险：制度效能、实施困境与政策优化［J］．中国卫生经济，2016（8）：30－32.
[28] 罗庆，樊新生，高更和，等．秦巴山区贫困村的空间分布特征及其影响因素［J］．经济地理，2016（4）.
[29] 秦晖．福利的“高低”“正负”与中国的转型［J］．二十一世纪，2013，（5）.
[30] 秦建国．促进我国长期护理保险发展的对策［J］．中国社会保障，2016（10）：77－78.
[31] 人力资源和社会保障部网站．http：//www. mohrss. gov. cn.
[32] 邵德兴．医养护一体化健康养老模式探析：以上海市佘山镇为例［J］．浙江社会科学，2014（6）.
[33] 邵文娟，孙渝．长期护理保险制度镜鉴和对策［J］．中国外资，2017（7）：78.
[34] 史英超．我国长期护理保险发展［J］．经营管理者，2016（23）：30.
[35] 粟瑜，王全兴．我国灵活就业中自治性劳动的法律保护［J］．东南学术，2016（3）.
[36] 田北海，王彩云．城乡老年人社会养老服务需求特征及其影响因素——基于对家庭养老替代机制的分析［J］．中国农村观察，2014（4）.
[37] 托克维尔．旧制度与大革命［M］．北京：商务印书馆，1992.
[38] 万兰芳，向德平．精准扶贫方略下的农村弱势群体减贫研究［J］．中国农业大学学报：社会科学版，2016（5）.
[39] 汪三贵，张雁，杨龙，等．连片特困地区扶贫项目到户问题研究——基于乌蒙山片区三省六县的调研［J］．中州学刊，2015（3）.
[40] 王超超．西南地区县域贫困村空间分布格局及致贫机制研究［D］．重庆：重庆师范大学，2016.
[41] 王乐芝，曾水英．关于失能老人状况与老年长期护理保险的研究综述［J］．人口学刊，2015（4）：86－91.
[42] 王敏．青岛市长期护理保险实施现状及问题研究［J］．中国市场，2017（19）：64－65.
[43] 王琼．城市社区居家养老服务需求及其影响因素——基于全国性的城市老年人口调查数据［J］．人口研究，2016（1）.
[44] 王雨磊．村干部与实践权力——精准扶贫中的国家基层治理秩序［J］．公共行政评论，2017（3）：26－45.
[45] 杨风寿，沈默．社会保障水平与城乡收入差距的关系研究［J］．宏观经济研究，2016（5）.

[46] 于靖园．第二个全国扶贫日：共同关注减贫与发展［J］．小康，2015（21）．

[47] 赵曼，韩丽．长期护理保险制度的选择：一个研究综述［J］．中国人口科学，2015（2)：97－105.

[48] 郑秉文．中国养老金发展报告2016［M］．北京：经济管理出版社，2016.

[49] 郑功成．中国社会保障发展报告［M］．北京：人民出版社，2016.

[50] 郑雄飞．身份识别、契约优化与利益共享——我国养老保险的制度变迁与路径探索［J］．社会学研究，2016（1）．

[51] 中华人民共和国民政部网站，http：//www. mca. gov. cn/.

[52] 周钦，田森，潘杰．均等下的不公——城镇居民基本医疗保险受益公平性的理论与实证研究［J］．经济研究，2016（6）．

[53] Comas-Herrera A. Future Long-Term Care Expenditure in Germany, Spain, Italy and the United Kingdom [J]. Ageing and Society, 2006, 26 (2), 285－302.

[54] Hongwei H U. The Janpanese Long-term Care Insurance System: Background, Framework, Evaluation, and Revelation [J]. Population and Society, 2016.

[55] Hughes M E. Waite L J. Health in household context: living arrangements and health in late middle age [J]. Journal of Health and Social Behavior, 2002, 43 (1), 1－21.

[56] Hussem A. The Ability to Pay for Long-Term Care in the Netherlands: A Life-cycle Perspective [J]. De Economist, 2016, 164 (2), 1－26.

[57] Meinow B. According to Need? Predicting the Amount of Municipal Home Help Allocated to Elderly Recipients in an Urban Area of Sweden [J]. Health and Social Care in the Community, 2005, 13 (4), 366－377.

[58] Mikelyte R., Milne A. The Role and Influence of Micro-Cultures in Long-Term Care on the Mental Health and Wellbing of Older People: A Scoping Review of Evidence [J]. Quality in Ageing and Older Adults, 2016, 17 (3), 198－214.

[59] Valkila N. Consumer Panel Study on Elderly People' s Wishes Concerning Services [J]. Archives of Gerontology cmd Geriatrics, 2010, 51 (3), e66－e71.